倭寇とは何か

中華を揺さぶる「海賊」の正体

岡本隆司

新潮選書

はじめに

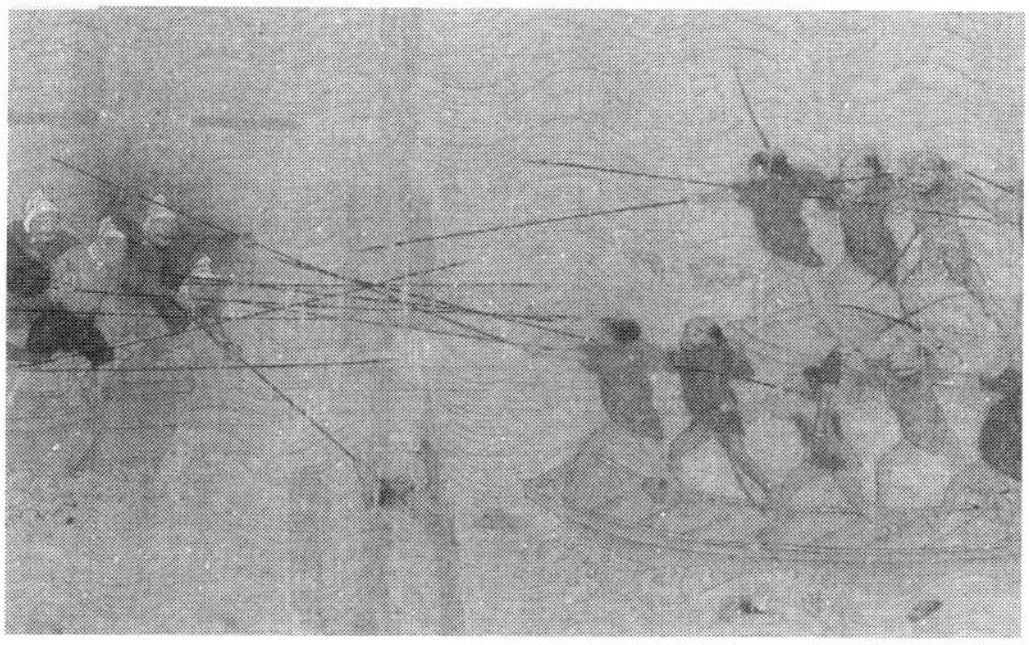
倭寇図巻（東京大学史料編纂所所蔵）

「ニッチ」なテーマ・タイトルである。読者にアピールする書名として、いかがなものか。少なからずそういわれた。自著の自ら敢えてした選択ながら、なるほど確かにそう思わないでもない。

「倭寇」はずいぶん画数の多い、お堅い漢語だから、字面・熟語を知らない向きもあるだろう。それでも少し歴史に明るい日本人なら、おなじみのはずだ。

絵画からはじめたい。「倭寇」といえば、およそ必ず目にする画像である。

ことばを憶えていなくとも、見覚えがあっておかしくない。「倭寇図巻」と通称する。ひととおりながめたら、次に文章を読みたい。

これまで、倭寇についての一般論、ないし常識論としては、裸身に白刃をかざした倭人のすがたや、かれらが徒党をくんで朝鮮から中国の沿海、さらに南海方面にまで掠奪・放火・乱暴・殺傷などをほしいままにした、というような連想である。（石原 一九六四）

今から六十年以上も前、石原道博が著書『倭寇』の冒頭に記した一文である（以下、引用では原則として著者と著述の刊行年を注記し、必要に応じて頁数を加えることもある。巻末の文献一覧で書誌を確認いただきたい）。「倭寇」の字義を説明しながら、およそ一般が共有してきた「連想」を述べる文面は、絵画が表現するイメージにごく近い。

「倭寇図巻」は画家が伝聞で描いたものだった。それなら、絵画に合致するいわゆる「一般論」も、いよいよイメージ・「連想」である。まず「倭寇」にまつわる「常識論」「一般論」「連想」は、事実かどうか疑わしい。それなら「倭寇とは何か」。やはり問いかけざるをえない。

そんな「倭寇」は日本史でも世界史でも共通して、高校の教科書に言及する歴史事象である。日本の歴史教科書は、日本史と世界史で内容をほとんど棲み分けているから、双方ともに記述のあるのは、めずらしい事例かもしれない。

それでも日本史のほうが、やはり手厚い記述である。世界史の教科書で二ヵ所のみの言及なのに対し、それなりのスペースをとって個々の局面に関わる説明も欠かさない。そうした不均衡には、もちろん理由がある。のちにくわしく論じなくてはならない。

ともあれ「倭寇」は、近代以前にはおよそ外国・世界と縁の薄い日本史上、例外的な事象であって、そうした意味で注目は少なくなかった。石原の『倭寇』もそんな日本史的な関心から、精細に関係史料をみなおして、引用した「連想」のイメージを逐一検証、訂正する研究書であった。

もっとも「連想」・イメージは、そう簡単には消え失せない。たとえイメージにすぎず、虚構・誇張をふくむにせよ、そこで世界と関わった「倭寇」は、ごくネガティヴな存在ではあるので、昨今のグローバル時代にふさわしい話題ともいいかねる。

今ことさら論じなくともよい。そもそも数百年も前に過ぎ去って、現在に存在しない事物であれば、どうでもよい瑣事である。そう考えても、おかしくない。

そんな話題をあらためて、わざわざとりあげるのは、迂遠な歴史屋、現代・日本を専門としない東洋史家ならでは、の蛇足であろう。そうはいっても、「倭寇」をめぐる現況にやや釈然としない感覚をいだいたところにはじまり、少しつきつめて考えてゆくうち、どうも「数百年も前に過ぎ去っ」た「瑣事」ではありえないように思えてきた。

そんな違和感から見なおして、少なからず異を立てたくなったあげくの執筆である。石原らがつとに検証した「倭寇」そのものの個別具体的なイメージはもとより、日本史の視点で多く語られてきたこと、一六世紀末に収束にむかったとみなしてきたこと、以後もはや存在しない過去の話柄としかみないことなど、そうした全体の視座・枠組みにも、いささか物申したい。

もちろん難癖・異論ばかりでは不可である。過去の史実として、新たな「倭寇」像・「倭寇」観を示さなくてはならない。ひいては現在の関心からしても、中国および東アジアの秩序構造をみる新たな展望を提供したいと思っている。

倭寇とは何か◉目次

第4章　革命とは「倭寇」？　123

第5章　「倭寇」相剋の現代中国　171

倭寇とは何か

中華を揺さぶる「海賊」の正体

第1章　「倭寇」をみなおしてみる

1　経過と言説

「倭寇」という語句

それにしても「倭寇」とは、感じのいいことばではない。それでもことさらテーマに選んだ理由はある。その説明から入るのが、あるいは適切便宜かもしれない。

意識したきっかけは、ごく個人的な経験からである。同じ時代の歴史は、半ば自分の専門でもあるから、それまでも「倭寇」という語句は、いくらでも使ってきた。ある文章で、その「倭寇」を、

日本は、およそ得体が知れない。「中華」秩序に背いて、一六世紀半ばに貿易を強行しようと起こした騒擾が倭寇であり、また同世紀末に秩序そのものを改変しようと起こした戦争が朝鮮出兵である。（岡本　二〇二一a）

と書いたことがある。これに編集者からクレームがついた。「倭寇については、実際には中国人が多かった、と言うブリタニカの記述」がある、という。オンラインの「ブリタニカの記

述」は、なるほど確かに以下のようであった。

13〜16世紀に朝鮮、中国の沿岸を襲った海賊集団に対する朝鮮、中国側の呼称。北九州、瀬戸内海沿岸の漁民、土豪が中心で、もともと私貿易を目的としていたが、しばしば暴力化した。しかし、倭寇が日本人とは限らず、その構成の大部分が中国人の場合、ポルトガル人を含む場合などもあった。

百も承知である。にもかかわらず、あえて引用のような文面にした。明朝政府・中国側の立場を述べる文脈の叙述だったからである。中国側の立場からその見方を述べれば、こうとしかいえない。

それが客観的なプロセスとちがっている、編集者はじめ、現代日本人の多くがそう思って、違和感を覚える。日常的個人的なやりとりで、その点にあらためて気づかされた。

ことばと事実

もちろん筆者も「ブリタニカの記述」のような客観的ないきさつを書いたことがある。その頻度のほうが、はるかに高い。そのためか、「日本の侵略戦争や海賊歴史を美化する」などという批判も、一再ならず聞こえた。いうまでもなく中国人や韓国人の論難に多い。

「倭寇」を字面どおり解すれば、確かに「侵略」ないし「海賊」ではあろう。しかし修辞の多い漢文を理解するには、文字どおりの逐語訳はむしろ控えなくてはならない。それが読解の初歩であり要諦でもあるけれど、語法も史実も知らないと、こうした観念が生じるのも無理はない。当世はネット時代、真偽ない交ぜの怪しい情報が、とめどなく溢れて、まかり通ってしまう時勢であれば、やむを得ない実情・現状でもある。

しかも今も昔も、そうした情報を「歴史認識」と称して、意識的無意識的に目前の都合・イデオロギーと短絡させることが少なくない。また往々にして、それを政治権力が利用する。

この種の問題・トピックは、もとより「倭寇」にかぎらないし、日々の報道すらその例外ではない。やや難しくいえば、実体と名辞の乖離である。

もっとも「倭寇」の場合、その根源的な原因は現代的な情報の伝達や操作にあるのではない。それはむしろ派生的な結果にすぎず、かつての歴史叙述のほうに乖離の原因がある。とりわけ文語の漢語で過去の事実を記載した文面は、往々にしてリアルな経過をそのままに反映しない。上で「文字どおり」に解釈してはならない、と述べたゆえんである。

しかし史料を読み解して、史実を復原する手がかりは、その文面しか存在しないのだから、そこで史家の態度は、分かれざるをえない。大別すれば、書いてある字義・文意のまま解する方向と、字面に書いていないこともあわせ読み取ろうとする方向である。記述の内容によっては、各々いわば対極に位置する歴史観を抱かせる結果にもなりかねない。

じつに漢語・中国史の歴史叙述に避けられない特徴であり、見方が両極分解になるのは、その反映でもある。「倭寇」はそうした歴史叙述の典型であり、そんな手垢にまみれた用語・概念でもあった。

ことばのあや、などとは軽々にいえない。その背後に厳存するのが、東アジアという漢語世界とその歴史の構造だからである。

だとすれば、逆に「倭寇」ということば、その字面・字義を端緒《いとぐち》にして、その実態をみわたし、内実をみなおすところから、関連の事象、背景をなす歴史そのものに接近することも不可能ではないだろう。一点突破・全面展開を期すわけで、テーマが「ニッチ」になったゆえんである。

矛盾

いかに「ニッチ」だといっても、「倭寇」はすぐれて物騒な字面になってしまった歴史事象であるから、上の石原道博にみたとおり、研究はつとに存在した。それを主導したのは日本史学であり、いまも継続しているといえる。

当然ではあった。「倭寇」の「倭」とは、日本人をまず第一義的に指すから、「倭寇」とは日本人の歴史的事件である。それなら、やはり日本史学がまずは研究に従事しなくてはならない。

その一方でブリタニカの記載どおり、史上の記録には、「倭寇」のほとんどは日本人でない、とも書いてある。そこで「倭寇」とは日本人なのか、また「倭寇」にまつわる言説は正しいのか、その真偽を実証することが研究の目標になった。

もっとも日本史の内部では、こうした研究はあくまで少数派である。対外関係史などは時代を問わず、非主流なのが普通らしい。注目を集めてきたのは、ようやく近年になってからである。だから日本人一般には、あまりなじみのない分野でもあった。

「倭寇」と称する歴史事象は、タイムスパンでいえば一四世紀から、足かけ四世紀にわたるとみなすのが普通である。けれどもその中心・ピークは、一五世紀までと一六世紀半ばの各々一時期であり、だから中間にややインターバルもあった。また活動の空間的な濃淡の範囲も異なっている。そこで前者を「前期倭寇」、後者を「後期倭寇」と呼ぶ慣わしで、さすがに日本史学の緻密な分析は、両者ともども精細に明らかにしてきた。

研究が本格化したのは、やはり戦後である。もちろん戦前にも、関係の論著がなかったわけではない。ただ「倭寇」という漢語をいわば真に受けた逐語訳で、「日本人海賊」という解釈も、そこでは普通だったらしい（宮崎 一九九七）。冒頭にみた編集者・ブリタニカのエピソードはじめ、そう思う人のほうが、いまや少ないだろう。それは戦後の研究成果の効用だといってよい。

だとすれば、日本史の研究でありながら、日本人でない事象の究明・証明を実践してきたわけである。いささか矛盾をきたしているといえなくもない。そんな矛盾のあることも留意する必要がある。

「倭寇」のはじまり

「倭寇」は一四世紀の後半より盛んになり、同世紀の末年まで、朝鮮半島沿岸に猛威をふるったという。当時の半島は高麗王朝が君臨していた。『高麗史』の西暦一三五〇年・旧暦同年二月の記事に、慶尚道の固城・竹林・巨済を襲撃した事件を「倭寇の侵、ここに始まる」とあり、以後の継続的な襲撃を暗示する。

高麗はこのとき一〇世紀の建国からすでに三百年以上、北方のモンゴル帝国に抵抗のすえ従属しながらも、なお政権を維持していた。けれどもこの「倭寇」の脅威に直面して疲弊、弱体化し、やがて朝鮮王朝に取って代わられた。

以上はおよそ通俗的な説明である。全体的な構図はおそらく多分に、一貫して朝鮮半島の外患・外敵として存在した大陸と列島、およびその圧迫という史観にひとしい。だとすれば、近代に顕著だった歴史過程の図式を、当時の事象までに遡らせて演繹した仮説である。

高麗の衰退・政権の交代といわゆる「倭寇」（日本の脅威）とは、確かに無関係ではなかった。けれどもその因果だけを直結させては、単純に失する。あらためて広い文脈から考える必要があり、当然ここに実証研究のメスが入る結果となった。

同じ時期の大陸は、モンゴル帝国大元ウルスが崩潰して、群雄が割拠した。とりわけ長江流域・南方に大きな勢力がひしめいている。もちろんそうした趨勢は、沿海・海上でも同じだった。やがて南京に興った明朝が南方を制圧し、さらにモンゴル政権を長城外に駆逐している。日本列島では、いわゆる南北朝の争乱だった。各地に自立した勢力が、南北に分かれて争っていたから、沿海・海域に武装集団が輩出したのも、また当然であろう。おおむね以上が、シナ海をとりまく史実経過であって、まずはこの大情況をふまえておかなくてはならない。

一四世紀後半期のいわゆる「倭寇」について、残る多くの記録は沿海の掠奪であり、そこから見えてくるのは、とりもなおさず治安の悪化である。政権の劣化といいかえてもよい。殺戮掠奪行為を禁圧、抑止できる統治能力をもたないからであり、それは海をとりかこむ大陸・半島・列島ともにいえることである。

「倭寇」の命名

モンゴル帝国の解体消滅、高麗王朝の衰亡、鎌倉幕府の滅亡いずれをとっても、そうだった。そもそも当時におこった天変地異、気象の変動・疫病の蔓延によって、既成の体制が動揺・崩潰をきたした世界規模の現象である。

それなら、代わる新たな秩序の模索も同時にすすんで当然だった。列島で南北朝を経た室町幕府、大陸では明朝、半島では朝鮮王朝という新政権があいついで誕生したのは、その結果である。

時期は近接しても、それぞれ同じ性格ではない。列島の幕府は後述でもふれるように、「微弱」な中央政権だった。そのため辺境沿海の武装勢力を制御できない。

それに対し、後二者はいずれも沿海の軍事勢力と敵対し、それに勝利することで生まれた政権である。そのためであろうか、閉鎖的な内陸型の政権だった。

明朝は海禁を命じて対外交渉を認めなかったし、高麗に代わった朝鮮王朝も、明朝の世界秩序に帰属した。いずれも沿海に所在する自立的な勢力・集団には、とりわけ警戒的敵対的だったのである。以上が「倭寇」現出の前提であった。

沿海の治安悪化という事象は、それまでもあっただろうし、以後も継起する。にもかかわらず、「倭寇」の場合、事象がどこから、どのようにして生じたのかという出自起源（＝「倭」）と、その行為をどう言い表したのかという言語表現（＝「寇」）で、すぐれて特殊だった。その時代を画する「倭寇」と命名のあったゆえんであり、その内実をみきわめるべく、研究が進展する。

まれて当然ではある。

概念の理解

「倭」と「寇」という多義的な二語が内包する認識の収斂したところに「倭寇」概念があった。だとすれば、それがあらわす史実の担い手がほんとうに日本人だったのかという課題設定も生まれて当然ではある。

「倭寇」という語彙表現は、まず『高麗史』『高麗史節要』、および『朝鮮王朝実録』などにみえ、そうした朝鮮側の史料には、しばしば「三島の倭寇」という表現があった。漢語であるから「三島」といっても、「三」が実数で具体的な島々・土地を指しているとは限らない。また多くは「対馬」を枕詞につける。そこは具体的な地名を包含するほか、対馬より海の向こう、概括的な日本方面くらいの意味もあったはずで、そこは実に判別しがたいし、たとえできたところで、究極的に精確かどうかはわからない。

ところが史料の文言に忠実で、生マジメな日本史研究は、その「三島」の地名同定からはじめている。すなわち対馬・壱岐・松浦半島、あるいは対馬・壱岐・博多を想定し、そこに住む「日本人」が「倭寇」を構成するとみてきた。たしかにそうした具体的な三ヵ所も含んでいようが、そのように特定限定できるとも思えない。

筆者が学問の世界に入った一九八〇年代といえば、冷戦構造の続いた世界情勢の変化とともに、歴史学全体の潮流がかわってくるころである。「倭寇」の主体認識もまた然り、倭寇の主体が高麗人・朝鮮人ないしその倭人との連合体だと論じる所説があらわれた。

そもそも『朝鮮王朝実録』に、「倭寇」は「倭服を着た朝鮮人」が多いと述べる記事はあったし、半島南部沿海の住民、とりわけ漂泊民・被差別民にも着眼をひろげると、事象のとらえ方は当然かわってくる。「三島」もしたがって、日本列島の範囲に限らない。済州島人の含まれる可能性が高いと論じる向きもあらわれた。このあたりから、ようやく考察の対象もひろがりはじめる。

潮流の変化

この方向を推し進めた田中健夫は、一九八二年に「倭寇の活動をなるべく高い観点から考察して、その実像を東アジアの国際社会という背景のなかに立体的に浮き彫りにしてみたい」と述べた。そこから「国境にとらわれない海を中心とした歴史観の導入」がすすんだのは、やはり注目すべき動向だった（田中　二〇一二）。

かくて日本人なのか、日本人が主体なのかどうか、という問いからはじまった「倭寇」の研究は長足の進歩をとげ、現在このあたりの通説をなすのは、村井章介の所論であろう。田中健夫の学統を受け、その所説を批判的に発展させた。

その核心をなしたのは、「境界人」という概念の導入である。列島・半島・大陸各地の沿海民は、そもそも海を生活の場として共有していた。ともにいわば「海民」という一つのまとまったカテゴリーでくくれる。そこに「倭」概念を克服する契機を見いだし、それぞれの「境界」を跨ぐ人間類型として定義したのが「境界人 marginal man」という概念であった。所説を聴こう。

> しかしこの語（＝「倭寇」―引用者）は、その名で呼ばれた人間集団の実体をそのままあらわすものではなく、より実体に近い姿をとらえて呼ぶとすれば、「境界人」の語がふさわしい。平時には、国家のはざまを生活の場とし、異なる国家領域を媒介することで生きる人々が、戦乱、飢饉、政変、貿易途絶などの特定の状況下で、海賊行為に走ったとき、朝鮮（高麗）や中国の官憲は、その主体を「倭寇」の名で呼んだ。……済州島や朝鮮半島南辺、さらには舟山諸島など中国沿海の海民たちの生態は、「以舟為家」の成語が語るように、境界空間における倭人ときわめてあい似たものだった。外からの弁《ママ》別の困難さは、前者の「仮倭」「装倭」の動きによって加速された。条件次第では、前者と後者が連合する事態も生じた。こうした交じりあいが、民族的には異なる出自をもつ人々を、ひとしなみに「倭」「倭寇」の名で呼ぶ状態をもたらした。（村井 二〇一三：一四二―一四三）

倭寇の本質は国籍や民族の別をこえた境界的な人間集団であることにあり、それゆえ日本人海賊・中国人盗賊・ポルトガル人密貿易者自身が倭寇なのであって、かれらが形づくる

人間集団において民族的出自は二次的な要素にすぎない……（村井　二〇一二：二五七）

「境界人」は社会科学も援用した術語ではありながら、たしかに一般にも理解しやすいタームである。東シナ海世界にそうした概念を適用し、海洋・海域を「国家のはざま」の「媒介」的な空間とみなしたのは、卓抜な着眼だった。日本史研究の領域では、やがて「海域アジア」「海洋アジア」という操作概念が定着する（桃木　二〇〇八）。

「倭人」の世界

それなら「倭」とは、日本列島の住民というより、半島・大陸内部の住民とは異質な「境界人」＝「海民」の世界を表象する漢語概念だったわけである。村井が『中世倭人伝』という書物を著すなど、積極的に「倭人」という概念を提起し、駆使したゆえんである（村井　一九九三）。

日本列島を指す「倭」の名が選ばれ、史料に残るのは、もちろん偶然ではなかった。「海域アジア」では、済州島はじめ半島・大陸と列島の沿海民どうしが、なかば日常的に接触・交流し、前者が「倭語」「倭服」を入手し、ひとまず自他に集団の紐帯となっていたことは想像に難くない。

半島・大陸で漢語を使う知識人からすれば、沿海にとどまらず、さらに東方の海の向こうから来る人々を指して「倭」と書くのは、半ばあたりまえである。逆に沿海民の側からみれば、「倭」こそ自分たちの結束・アイデンティティを示す指標でもあった。

そもそも「倭寇」とは、あくまで他称ないし蔑称である。「倭」の人々が「倭」と自称したわけではないし、ましてや「寇」と名乗るわけもなかった。あくまで外の政権・官憲・文人の側から、一方的に呼称し、定義した概念にほかならない。立場がちがえば見方も異なるから、「倭」「寇」の側にも言い分はあるはずである。

それでも一方的な表現しか残存せず、また通用していないため、後世もそれを使わざるをえない。ただ用語概念として使用する大前提として、以上の事情から免れない先入主は絶えず留意し、史料術語の含意を忘れてはならない。

もちろん空間的に「日本列島西辺」方面が、半島・大陸に渡航する「倭人」の「根源」となりうる条件はある。村井が指摘する中央権力の衰弱と表裏一体の在地勢力増大は看過できない(村井　二〇一二：二五七)。

それでもやはり、「倭」は「列島西辺」に限らず、半島・大陸の沿海に及んでいた事実と、それが多く「寇」になった経過を重視すべきだろう。さもなくば、以前から克服すべしとされ、また村井も「危惧する」見方に逆戻りしかねない。

「史料の文言に忠実になればなるほど、倭寇＝日本人主体説に傾かざるを得ない」という文章を読むと、現在の国籍や民族の別がいつしか忍びこんで、対馬人＝日本人、済州人＝高麗（朝鮮）人という等式が前提の議論に陥ってはいないか……（村井　二〇一三：一四八）

実際にそうした無意識の、「現在の国籍や民族の別がいつしか忍びこん」だ議論は、何度もくりかえされてきた。そんな「前提」にとらわれた向きから、村井の「境界人」説も、批判を受けたことがある。

そんな批判に筆者は与しない。それでも「境界人」＝「倭人」の所説には、疑問が払拭できなかった。村井が説いているのは、なお「倭人」のみで、必ずしも「倭寇」に及んでいないからである。

上の引用で、「海賊行為に走った」契機は、「戦乱、飢饉、政変、貿易途絶など」種々「特定の状況」を列挙するけれども、いかにも一般的で漠然とした「条件」にすぎない。わざわざ当時に「倭寇」と命名呼称するほど、「特定」な事象であろうか。

「倭人」と「倭寇」のあいだ

「倭人」が海民、シナ海沿海で日々暮らす人々なら、通常の生業も純然たる「海賊行為」であるわけはない。むしろ漁労ないし交易だったはずだし、また以前から「特定の状況」に見舞われてもいたはずだ。それが必ずしも「倭寇」と称すべき、継続的な「海賊行為」を導き出したわけでもあるまい。それなら「倭人」が当時の「倭寇」に転化するには、なお見のがしている要素がある。

そのあたりの追究がいわゆる「倭寇」研究には、不足していないであろうか。じつは村井にも、その手がかりとなりうる論点がないわけでない。あらためて所説を引用する。

倭寇の根源が日本列島西辺にあると周囲から見られていたことも事実であって、その背景には、国家的統合の極小化、国王をふくむあらゆる階層の海域通交への参加という、中世末日本列島地域の特異性と、東アジア海域に対する独特の関わりかたがあった。（村井 二〇一二：二五七）

幕府の支配力は、中央集権官僚制国家の朝鮮や中国にくらべてはるかに微弱であり、「倭人」の統制は地域支配者である「領主層」に委ねられていた。その結果、「倭」の空間はなかば自立した交易や海賊行為の基地となり、そこにおいて「領主層」は統制者となるばあいも、援助者や加担者となるばあいもあった。九州西北地域を中心とする「倭」の空間は、朝鮮や中国の沿海地域にくらべて、海賊活動の策源地となりやすい政治的条件を備えていたのである。（村井 二〇一三：一四二）

日本の側・「幕府の支配」は、おそらくいうとおり「微弱」なのにちがいない。そう納得はしても、「中世末日本列島地域」が「特異」なのかは、自ずから問題が別である。

焦点は「中世末」・「列島地域」にはない。強弱の比較の対象にある。同時期の半島の朝鮮王朝・大陸の明朝が「中央集権官僚制国家」だったから、「幕府」が「微弱」で列島が「特異」という論理になっていて、東洋史の視座からするなら、それはいささか疑わしい。

事実経過は村井自身もいうように、「朝鮮や中国による国家的統制にも限界があり、海島に逃れ海上を浮遊する人々を、完全に掌握できたわけではな」かった（村井　二〇一三：一四三）。この表現がむしろ正しい。

いな「できたわけではない」どころか、ほとんど「掌握」できなかった。だからこそ、まったくの敵対で力づくの弾圧しか訴える手段がなく、それが逆に反抗しての武装蜂起・「海賊行為」を惹起したのである。

そう考えれば、「交易や海賊行為」という言い回しも、けだし適切ではない。海民・「倭人」の立場からすれば、「交易」と「海賊」にどれほどの違いがあっただろう。海に出て目的地に至る、ほぼ同一範疇の行動であって、「や」という並列の表現で示すような別個の「行為」ではなかったとみるべきではないか。

それを交易・生業ではなく別個の事物にして、「寇」＝海賊・犯罪と認定したのは、むしろ半島・大陸の側の見方・行動にある。海民が海賊に、「倭人」が「倭寇」に転化するには、その行為を「寇」と表現する半島・大陸当局の認識・認定という、いまひとつのフィルター・段階を経なくてはならない。

3　契機と過程

「前期倭寇」と「後期倭寇」

従前は「倭」概念をとりあげ、日本（人）かどうかを検討してきた。その一方で「寇」＝海賊・叛徒という側面は、所与とみていたきらいはないだろうか。あくまで「倭寇」が問題なのだとすれば、「倭寇」＝「倭」＋「寇」なのであるから、「倭」を明らかにしても「寇」がわからないと、「倭寇」を理解したことにはならない、というのが筆者の考えであった。

このように着眼を「寇」に移してみると、「倭寇」興亡の契機を考える余地も、あらためて生じる。「倭人」で論理の一貫する村井説は、およそ定説の位置をしめるものの、そうした観点から注意すべき点がないわけではない。

そうした「寇」と表現する事態・局面には、二つのピークがあった。「前期倭寇」と「後期倭寇」であり、教科書的な知識でいうと、「倭寇」はすでに述べた一四世紀後半の「日本人を主体とする」前期と、一六世紀さかんになった「中国人を主体とする」後期（全国歴史教育研究協議会　二〇二三：一二九）とに大別するのが普通である。時期と「主体」にちがいがあるので区別をしてきた。

こうした区別に即しても、「倭人」と「倭寇」の辨別をみておかなくてはならない。そうした既存の認識にも、村井はメスを入れているからである。たとえば、

「倭寇」の名で呼ばれた集団を、より実体に即して探っていくと、「境界人」の風貌が見えてくる。その意味では前期倭寇と後期倭寇に本質的なちがいはない。（村井 二〇一三：一四三）

というくだりがみえる。まったく正しい叙述であって、もとより批判否定には及ばない。ただこれを読んだから、前期と後期の「倭寇」を区別しなくともよい、と即断したなら、それは行き過ぎである。

「その意味では」と条件をつけているのを見のがしてはならない。そこに留意して念を入れれば、上の引用文は「前期倭寇における「倭人」と後期倭寇のそれとの間に本質的なちがいはない」というべきである。そのほうが、いっそう精確だった。

そんな感慨をもったのは、やはり「倭」の関心が強い、いいかえれば、「寇」に対する問題意識は希薄だ、とあらためて気づいたからである。それは村井の誤解でも、日本史学の怠慢でもない。「倭」の追究は日本史なら当然である。その成果たる「境界人」＝「倭人」概念は、

確かに学界の研究、および一般の理解の水準を大いにひきあげた。しかし半面、「倭人」を本位にした論理・関心ばかりでは、全体の情況・構成・推移をみわたすに不十分な側面もまぬかれない。

村井が田中健夫『倭寇』を「解説」して、田中が「前期倭寇」と「後期倭寇」という呼称を避けたことを指摘し、以下のように評したことがある。

後期（一六世紀）倭寇の理解において中国ファクターに重点をおきすぎた結果、日本列島とのかかわりが希薄になってしまったきらいがある。（村井　二〇一二：二五三）

これを上の引用文と連絡させるならば、「倭寇の理解において」「より実体に即して探って」「日本列島とのかかわり」を重視すると、「前期倭寇と後期倭寇に本質的なちがいはない」と考えてよい、という短絡的な誤解にもつながりかねない。やはり前期と後期とでは、一定の断絶があると考えざるをえないからである。

前・後を分かつもの

前期倭寇とはすでに述べたとおり、朝鮮半島沿海を中心とする一四世紀の治安悪化であった。逆にいえば、悪化したのはその時期にあって、以後・一四世紀末から一五世紀にかけて、回復してくる。

それはすなわち大陸・半島・列島の政権が安定し、その秩序体系・対外政策が固まってくる時期だった。たとえば日本では幕府権力の確立、明朝は海禁とだきあわせた朝貢で限定した通交、朝鮮王朝の「倭寇」に対する懐柔などをあげることができよう。

こうした「国家的統制」によって、騒擾はひとまず下火になり、治安はそれなりに回復した。ところが、そうした治安回復を経たのちに、後期倭寇は起こっている。つまりは安定政権とその秩序体系・対外政策では通用しない局面になったわけであり、そうした局面の変化を、前提としてみておかねばならない。

まずは安定政権の秩序体系の概略を把握し、「倭寇」を「寇」と認定、表現するいわゆる「国家的統制」の内実を知っておく必要がある。さもなくば当時の「寇」とは何だったのかは追究できない。

もちろん学界が看過してきたわけではなく、専門研究ではおおよそ明らかである。とはいえ、「統制」を加えた半島・大陸側の社会体制・支配機構・史実経過のありようは、必ずしも議論の俎上に上ってこなかったから、ここが理解の隘路になっているのはまちがいない。

そこまで日本史学に求めては、いかにもないものねだりである。「倭寇」を正面からとりあげてこなかった、あるいは中国の立場から東アジア全体に位置づけてこなかった東洋史学のほうに、課題と責任がありそうだ。

いずれにしても、あらためて日本史・海の側だけではなく、東洋史・陸の側の視点からも、「倭人」にとどまらず「倭寇」を考察しなくてはならない。さしあたって、いわゆる「中央集権官僚制国家」と把握しがちな半島・大陸の政権の実態をみなおすところから始めよう。

政権の体質

明朝そしてそれをモデルにした朝鮮王朝は、一言でいえば、朱子学を基軸にしたドグマ本位の政権である。つまり何より体制イデオロギーを重視し、それに即した制度を構築し政策を施行していた。

そのかぎりで「中央集権」であり、「官僚制国家」でもある。社会を直接に掌握しようという意思・意欲も、もちろん大いにあったし、日本のような地方領主からなる割拠勢力も存在しなかった。

しかしそれは必ずしも、政権が民間・社会を十分に統治していたことを意味しない。「中央集権」だからといって、中央政権が民間に対する有効な支配を実現できたとは限らないし、「官僚制」だからといって、民間に法令・政策を直截に伝えて実行できたわけではなかった。

朱子学に通じても世情には暗い士大夫・両班の官僚が構成し、ドグマを優先する理念と制度が支える政権である。往々にして民政の実務・実情、ないし民間の利害・慣例と乖離しても、それは当然であった。つまり明朝も朝鮮王朝も、民間社会にいたく疎遠だったのである。

種々の文脈で事例をあげるのも不可能ではない。しかし煩瑣に失するし、紙幅の都合もあるので、ここでは「倭寇」の考察に関わる、概括的な経済上のポイントだけ示しておこう。

そもそも儒教・朱子学は、農業・生産を尊び、商業・流通を賤しむドグマだった。それを体制として制度化し、個別の政策として施行したのが明朝である。大づかみにいっても、商取引を忌避する農本主義、貨幣発行をミニマムにした現物主義、海外との貿易を原則的に禁じる海禁、それと表裏一体で、朝貢の儀礼を通じてでしか通交できない朝貢一元の体制などをあげることができ、要するに内外問わず、商業・交易には後ろ向きであった（岩井 二〇二〇・岡本 二〇二一b）。

したがって、それに応じたルールやツールの整備もない。われわれの目からみれば、およそ経済・社会の機微に関わるセンスに乏しく、必然的に満足な制度の立案もなく、実情に応じた商法・通貨が欠如していた。

それでも交易・取引が生活・生業に必要であれば、民間は当局の意向・措置に関わりなく、自らのルール・ツールを創造、所持して実用に供するほかない。あるいは官憲・法制に違背してでも、行動を起こす必要も出てくる。およそ一五世紀も後半に入って、それぞれ前世紀以来の不況から脱してきたころ、それが現実化した。

政権・当局は目の当たりにしても、公式にはドグマを優先し、あくまで体制・制度・政策は改めない。現地・目前にかぎった消極的な黙認や最小限の対症療法的な措置は講じても、民間の意向・動向に合わせた、大がかりな改革などはありえなかった。

以上は内外とも多かれ少なかれ、あてはまる事態ながら、とりわけ顕著なのは沿海社会である。シナ海沿海地域は政権の所在地からは最も遠隔だから、現地社会の実情、民間の輿論・意向に政権は疎かった。

疎遠なだけなら、まだよい。あからさまに逆行する場合すらありえた。そうなると、民意がいつも従順だとは限らない。利害・生業に関わっては、死活の問題として反抗するほかなくなった。そうした事案が生起、継起して、当局がようやく「倭人」を「寇」とみなすようになるのである。

後期倭寇へ

そうした「寇」の局面は、上に述べたとおり、「前期」のほうは一五世紀に入るころ、列島・半島・大陸の中央政権が安定すると、いったんは鳴りを潜めた。以後一五世紀の前半までは、日本列島の幕府体制はどうにか治安を維持していたし、大陸・半島もその秩序体系によって、沿海の騒擾を抑えることができていたのである。

ところがそうした「国家的統制」は一六世紀に入るや、たちまち破綻を見せはじめる。「後期倭寇」の始まりであった。その動因こそ、まさしく「中国ファクター」にある。

当時、米作モノカルチャーだった江南デルタの再開発で、シルク・木綿などの増産をみた。

それにともなって、ほかの地域の開発もすすみ、生産全体が向上してゆく。その波動は、日本列島をもまきこんだ地域間の分業の形成と商業の興隆をもたらし、東アジア全域の社会経済構造が変容を遂げはじめた。

日本で顕著なのは銀産の増大であり、代表的な存在は石見銀山だろう。一六世紀の前半にいわゆる灰吹法という新技術を導入して、飛躍的な増産を果たした。そうした産銀が西日本地域で、銅銭に代わって通貨の役割を担った時もある。ところが列島の銀流通は、ほどなく急速に衰え、米穀が代替の一般通貨と化していった。

石見銀山の龍源寺間歩（©Naokijp）

その大量の日本銀が向かった先は、中国大陸である。もはや銀鉱脈の乏しい大陸では、経済発展にともなう流通の活潑化・商業の隆盛に応じるべく、通貨需要が高まっていた。そこに日本産の銀が応じたのである。

大陸からの見返りは、当初は日本でも流通してきた銅銭、ついで需要の高まってきた生糸である。日本銀とそうした商品との取引が、日中の貿易を増大させ、商船は大陸と列島のあいだをしきりに往来した。

そうした動向がグローバルな大航海時代と重なっている。アメリカ大陸を征服したヨーロッパは、環大西洋で形づくった経済圏を中核に、世界規模の遠隔地貿易を発展させ、その動きが東アジアにも波及してきた。

アメリカ大陸で当時、大量に産出した銀も、太平洋を横断して直接に流れこんできたほか、ヨーロッパ経由でインド洋をわたって、シナ海に入ってくるものもあった。ともあれ世界規模で増産した銀が駆けめぐり、日本列島と中国大陸もその渦中にあって、東アジアの経済・社会・政治を動かしていたのである。

銀がひとりでに動くはずはない。運ぶ人たちが必要である。シナ海で列島人・大陸人が往来したばかりか、やがて中国大陸はもとより、日本列島にも南蛮人・紅毛人の渡来があいついだ。「南蛮渡来」といえば、その後の日本史の展開もあるため、キリスト教布教の動機が目立っている。けれども実は経済的な利害関心のほうが、不可分的ながらいっそう大きい。前後して大陸・列島の経済的規模が拡大し、それぞれの産物はもちろん、両者間の交易取引に参入することが、「南蛮」人にとって魅力的だったからである。かくて活潑化したのが「倭人」の活動であり、それが「後期倭寇」を招来した。

関心の所在

この時期、一五五〇年代を中心に猖獗をきわめた「後期倭寇」の構成員は、「真の倭人はごく少なく、みな福建・浙江の者」と記載する漢文史料は少なくない。「中国人を主体とする」という教科書的な認識のあるゆえんである。

「倭寇」の頭目と称せられる人物も、「真倭」（＝列島人）ではなく、明人・大陸人が多い。許棟・王直・徐海・陳東・葉明などの名前をあげることができる。「浙江」の寧波や「福建」の福州・漳州など、シナ海沿海地方の出自にくわえ、大陸内地の商業を牛耳っていた徽州人もいた。ここから内地流通と沿海交易との密接な関連をうかがうことができよう。

もちろん博多の「助才門」ら「真倭」もいれば、「海王」と呼ばれたポルトガル人や「沙火同」という名の朝鮮半島人もいた。だとすれば、後期倭寇の実態は、出身・母語や慣習を異にする海民らが、雑居連合した集団だったことになる。

そこで日本史研究の関心は、そうした雑多な集団が、おしなべて「倭寇」と称せられた点に向かった。その顕著な成果が、村井の研究である（村井　一九九三）。「倭寇」の多くが月代のように髪を剃り、また「倭服」を着ていたところに着眼し、「倭服」「倭語」の使用こそ「海域アジア」の世界で「倭寇」たるべき「しるし」「コード」だと結論づけた。

そして上にも言及したとおり、雑多な構成の集団が、そんな「コード」を共有していたのは、「前期倭寇」と同じ特徴である。それなら集団のありようも、「境界人」「倭人」だったという点で、「前期」と「後期」で変わっておらず、同一とみてよい。

そのため村井は、「前期倭寇」「後期倭寇」とは呼ばないものの、両者を依然として区別する田中健夫の所説に批判を加えた。引用をくりかえすと、「後期（一六世紀）倭寇の理解において中国ファクターに重点をおきすぎた」という評言である。

日本を指す「倭」という文字、そして海民が「倭寇」「倭人」と呼ばれた事情・要因に限定すれば、なるほどこの評言に間然するところはない。ただ「寇」に着眼すれば、それだけで「前期」と「後期」の「本質」を同一だとみるには、躊躇を覚える。

「後期」の集団構成は、「前期」と大差なかったかもしれない。しかし「倭人」が「寇」になってしまうメカニズムは、すでにみたとおり「前期」と「後期」で大いに異なっている。「前期」は治安悪化にともなう海賊行為の横行だった。それに対し、「後期」は「国家的統制」を超えた、グローバル規模の経済活動が活潑化した所産だったからである。

しかも「倭人」とは、すでに「日本人」＝列島人ばかりではなかった。それなら「倭人」と「日本列島とのかかわり」が、「本質」だともいえない。

「倭」なのか、「寇」なのか。どちらに着眼するかで、日本史学と東洋史学の関心も分かれてくる。日本・日本人のアイデンティティを問う前者と世界・外国を位置づける後者との、元来の立場の違いによるのかもしれない。

ともかく「寇」に着眼する視座からは、「後期倭寇」を論じるにあたって、「日本列島とのかかわりが希薄になってしま」うのは、むしろ当時の実情を反映した当然の結果であり、それなら批判にはあたらないのも、また当然であろう。

4 「倭寇的状況」をこえて

王直という典型

「前期倭寇」の主要舞台は、朝鮮半島沿海や北方の黄海・渤海方面だった。ところが初めての「倭寇」言及から二百年ほど経つと、いわゆる「後期倭寇」の騒擾は、主として南方のシナ海で発生した。しかもそれは「前期倭寇」を抑えた体制の統制を乗り越える形で、である。

その担い手とありようは、村井がいうように「倭服」という「コード」の共有など、かつての「倭人」と同じだったかもしれない。それでも活動の動機・様式・スケールは、大きく違っていた。しかもポルトガル人を先頭に、大航海時代で渡来した南蛮人・紅毛人も参与して、「倭人」に含むようになってくる。これまた未曾有の事態であった。

そこに作用していたのが「中国ファクター」である。大陸の経済社会に構造変容が生じ、それが波及して、日本列島ないし海洋世界との関わりも、大きく変動した。大陸の製品市場であり、かつまた貴金属を供給する列島・海外という位置づけが確定し、両者の経済的な紐帯が強まる。呼応して人的な往来も、いよいよ密になる。

そうした往来の表象となる一例として、村井が「重点をおきすぎた」という田中の所説をみてみたい。上にあげた大陸人の「倭人」にして「後期倭寇」の巨魁・王直を紹介した一節である。四十年以上も前の文章ながら、いま読んでも実に興味深い。

平戸の王直は、部下二千余人を擁し、豪奢な屋敷に住んで、つねに緞衣をまとっており、港には三百余人を乗せる大船をうかべ、三十六島の逸民を指揮して王者さながらの生活をおくり、徽王ともよばれたという。……

王直をこのような大勢力にのしあげたのは、かれの商業取引の方法が適切だったからである。密貿易はもともと不法の貿易であり、大きな利益がある一面では予測できない危険をはらんだ行為でもあった。需要者と供給者はつねに一定しておらず浮動的だったし、決済の方法も現金のときもあれば貨物で支払われることもあった。信用の基礎はなく、紛争がおきてもその処理を訴えでる機関もない。このような不安定な状態での取引には、双方の当事者から信頼され、不法を断乎として制裁する実力をもったものの存在が必要である。王直は学問もあり計数にも明るく、それに衆望をあつめる性格をそなえていたから調停者としての条件をそなえていたといえる。王直が密貿易者の頭目として果した役目はまさにそれであった。かれは取引者の委託をうけて売買や交易を代行することもあった。それに、来航商人の宿所や倉庫の設備、売買の斡旋、業者の保護援助などもかれの仕事であった。かれは日本商人の業務を代行しただけでなく、中国商人やポルトガル商人の業務をも代行した。中国の法律にも日本の法律にも拘束されない場所での王直は、まさに倭寇国の王とよばれるにふさわしい存在だったのである。（田中　二〇一二：一四二―一四三）

思わず引用が長文になったのは、およそ以下の考察に欠かせないからである。

以上は王直の人格・資質・行動・事業をもれなく、また手際よくカバーしながら、なおかつ「王直」個人に即した記述でしかない。田中の著書が出たころは、そうした所論でもまだよかった。「倭寇」は日本人なのかどうかが、学界の主たる課題であり、そうではない王直という一例をあげれば、事足りたからである。

しかし今や斯学の水準が上がり、課題も変わってきた。現在にあって、この引用文を読んで、「王直」を王直一人として、額面どおり受けとめてしまっては、やはり十分だとはいえまい。

ここには王直が代表した「後期倭寇」生成のあらゆる条件を載せているからである。つまり「王直」という主語でなくとも、およそ当時の「倭寇」のリーダーなら、大なり小なりあてはまる要素を記す点に、あらためて注目しなくてはならない。

長崎県平戸市にある王直像
(© 田中秀明／アフロ)

「倭寇国の王」

王直は徽州商人の出で、「徽王」という称号もそれにちなむ。徽州商人といえば、大陸内地の政商・財閥として著名だった。そんな出自の人物が「海域アジア」に出て、沿海の「密貿易」をとりしきり、列島の平戸に居留すること自体、「前期」の時期・段階ではありえない（中島　二〇二四）。

そんな人物が「大勢力」に成長した要因としては、まず需給の不安定な市場に対する高度な対処能力である。「学問もあり計数にも明る」いのは、商人として当然の素養ではあって、実務も「取引者の委託をうけて売買や交易を代行」し、「来航商人の宿所や倉庫の設備、売買の斡旋、業者の保護援助など」をこなした。となれば、さながら多国籍の総合商社である。

そのように「商業取引の方法が適切だった」ばかりではない。「信用の基礎はなく」、「決済の方法も現金のときもあれば貨物で支払われる」ような、法定通貨の存在しない市場状況であるから、決済通貨の発行・選定もふくむ金融業・銀行業をも兼ねていたことになる。

いっそう重要なのは、マーケット全体の秩序・治安の維持であった。「中国の法律にも日本の法律にも拘束されない場所で」「紛争がおきてもその処理を訴えでる機関もない」、そ「のような不安定な状態での取引には、双方の当事者から信頼され、不法を断乎として制裁する実力をもったものの存在が必要である」。

そうした点、王直は「衆望をあつめる性格をそなえて」、「調停者として」打ってつけであった。つまりは経済のみならず、関連する司法・政治もとりしきる権力をもった、さながら君主にも見まがう存在なのである。

「まさに倭寇国の王とよばれるにふさわしい」から、「王者さながら」に「徽王ともよばれた」

のである。この時代の「倭寇」の「本質」をいうなら、以上をそう見るべきであろう。

やや古い引用文の論理に瑕疵があるとすれば、「密貿易」を所与の前提、条件にしたところであろうか。因果関係の履き違えである。客観的に見れば、「もともと不法」な「密貿易」だから、そう行動した、のではなく、「信頼され」「衆望をあつめる」民意にかなった行動が、「不法」な「密貿易」とされた、のであった。

「密貿易」とは当代の政権・当局の「法律」・施政に違背した、という謂である。その「法律」は上にみたとおり、社会の実情・経済の実況・民間の意向から乖離していた。しかも明朝政権の体制は、旧態依然である。あくまで従前のイデオロギー・施政に固執した。

そのため明朝の当局者からみれば、「倭人」の王直らは、「寇」つまり「密貿易者の頭目と」ならざるをえない。そんな「密貿易者の頭目」が「中国の法律にも日本の法律にも拘束されない場所で」は、民意にかなう政治経済社会を掌握する「王」と化してしまうのである。

「倭寇的状況」

ここまで考察・論述を導いてくれた村井の所説は、日本史でいう「中世」、一六世紀前半以前の時代に重心があった。だとすれば、つづく一六世紀後半から一七世紀以降の「近世」をあつかったのが、荒野泰典の研究である（荒野　二〇一九：七八）。

村井は「諸民族雑居」「多民族混淆」とも形容しうる集団のありようを「境界人」たる「倭

人」と定義づけた。かたや荒野は、活潑化する「地域間交流」の文脈から、同じ事象に対し「倭寇的状況」という称謂・概念を与えている。本人の所説にて、少し説明を試みたい。

倭寇的状況とは、「シナ海域」(東アジアから東南アジアにかけての海域)の地域間交流を「倭寇的勢力」が担い、その勢力同士の抗争や旧体制(明・朝鮮・琉球等)・新興国家(日本の統一政権や清)との軋轢などを経ながら、地域全体として新たな国際秩序の構築に向かって行った状況を指し、……倭寇的勢力とは、後期倭寇の主体だった華人の他に、日本人・ヨーロッパ勢力(ポルトガル・スペイン・オランダ・イギリス等)などこの海域で外交・貿易活動を行なった諸勢力を指します。一六世紀半ばには……華人の貿易ネットワークによる密貿易(中継ぎ貿易、あるいは出会貿易)がこの地域の交流を担うようになり、それが彼らにこの貿易ネットワークに参加する機会を与えたのでした。こうして、当時の世界の銀生産の三分の一を占めたと言われる日本銀の他に、ヨーロッパ人によって中南米やヨーロッパ産の銀もこの海域にもたらされ、未曾有の経済的な活況を生み出し、それが新しい東アジアの国際関係を再横築する原動力となりました。(荒野 二〇一九:一五三—一五四)

この「倭寇的状況」概念は日本史学に普及し、いまやほとんどあたりまえ、おそらく知らぬ者はいない。一七世紀前半・近世日本がいわゆる「鎖国」体制を構築するまでの「国際関係を活写する契機を作った」という意味で、「金字塔の位置を占める」といわれるほど重要な論点なのである（桃木　二〇〇八：八六）。

それは村井の「倭人」と同様に、やはり国民国家の枠組みに縛られた従来の史観と方法を検証、克服するねらいをもっていた。荒野は同時に、従前まったく日本列島を閉ざしてしまう含意の強かった「鎖国」概念を批判している。両者あいまって、中世から近世初期の日本史・対外関係史は、つとに新たな研究の段階に入った。以後のあらゆる議論は、これを前提にしている。

「倭人」も巧みな術語表現、汎用性の高い概念で、中世のシナ海に活躍したヒトを「活写」しえた。そして「倭寇的状況」は、その「倭人」を「倭寇的勢力」と言い換えつつ、そこに時空のひろがりを組み合わせ、一六世紀の「海域アジア」・シナ海世界の様相を一言で表現できる「契機」となっている。

言い換えれば、「倭寇」とは日本人ないし他国人がおこした個別の事件・騒擾の総和ではない。当時のシナ海と沿海全域にひろがる継続的な「状況」、全体的な社会現象だというにある。

「倭寇」の収束？

そこであらためて、上に述べた王直の事例をふりかえってみれば、やはりかれ一人ととらえるわけにはいかない。ほかの「倭寇」の面々も、出身地は様々でありながら、沿海に出て商業を営んだのであれば、王直の域ほどではなくとも、同じ資質をそなえていて、むしろ当然である。

したがって引用文は一個人にとどまらず、集団の概括的な類型として読まねばならない。史実経過からみても、王直が一五六〇年、当局に捕縛、処刑されても、「倭寇」はまったく収束しなかったからである。

「倭寇」は「状況」＝社会現象である。だとすれば、一人・一件を処置しても、それは対症療法にすぎず、解決にはならない。

明朝当局は「後期倭寇」の猖獗に手を焼いたあげく、遵奉固執してきた方針・施政を改め、福建省漳州の月港から、東南アジア方面に向かう民間商船の出航を許すことにした。時に一五六七年。現地かぎりの措置ながら、こうした方法がむしろ解決の端緒につながってくる。

月港とはもともと「倭寇」の根拠地になっていたところで、この措置は事実上、海禁を緩めたにひとしい。また東南アジアとの交易が活潑に赴いたので、それなりの成果を収めたともいえる。

しかし列島への渡航は、なお警戒して禁止しながらも、日本にむかう船舶は途絶えることがなかった。それなら倭寇を大陸の政権が統御しえたわけではない。騒擾の程度の差こそあれ、なお旧態依然だったともいえる。

かたや列島の内部で激動のプロセスが続いていた。豊臣政権が誕生し、いわゆる天下統一の事業を完成させてゆく。豊臣秀吉は一五八七年、最初の海賊禁止令を発し（藤田　二〇〇二）、翌年の再令などを経て、列島内の海上勢力をほぼ完全に掌握した。

これをもって「後期倭寇」は収束にむかうというのが、いわば通説である（桃木　二〇〇八：八九）。村井も荒野も、ひいては学界全体も、そこに異論をとなえている様子はない。

しかしここまでみてきた「倭寇」をめぐる論述との整合性は、どうだろうか。収束とは実際にどういう意味なのだろうか。

「倭人」のゆくえ

田中も村井も荒野も、あるいは従前の日本史学全体も、従前の狭隘なナショナル・ヒストリーを脱却した歴史像・歴史観の確立をめざして研究をすすめ、以上の成果をあげてきた。それはよくわかる。

そうした「倭寇」研究の文脈で明らかになったのは、けっきょくネガティヴな局面だった。「日本人」ではない、「境界」に収まっていない、「鎖国」ではない、「国民国家」でない、という論旨である。批判否定した「」内のポジティヴな前提・概念は、旧来の「日本史」＝ナショナル・ヒストリーの所産であり、それを否定はしえた。けれども否定したのち、そこに代替すべきは何か。

「倭人」「倭寇」は一七世紀中に史上から消滅している。つまり列島人がシナ海から姿を消す

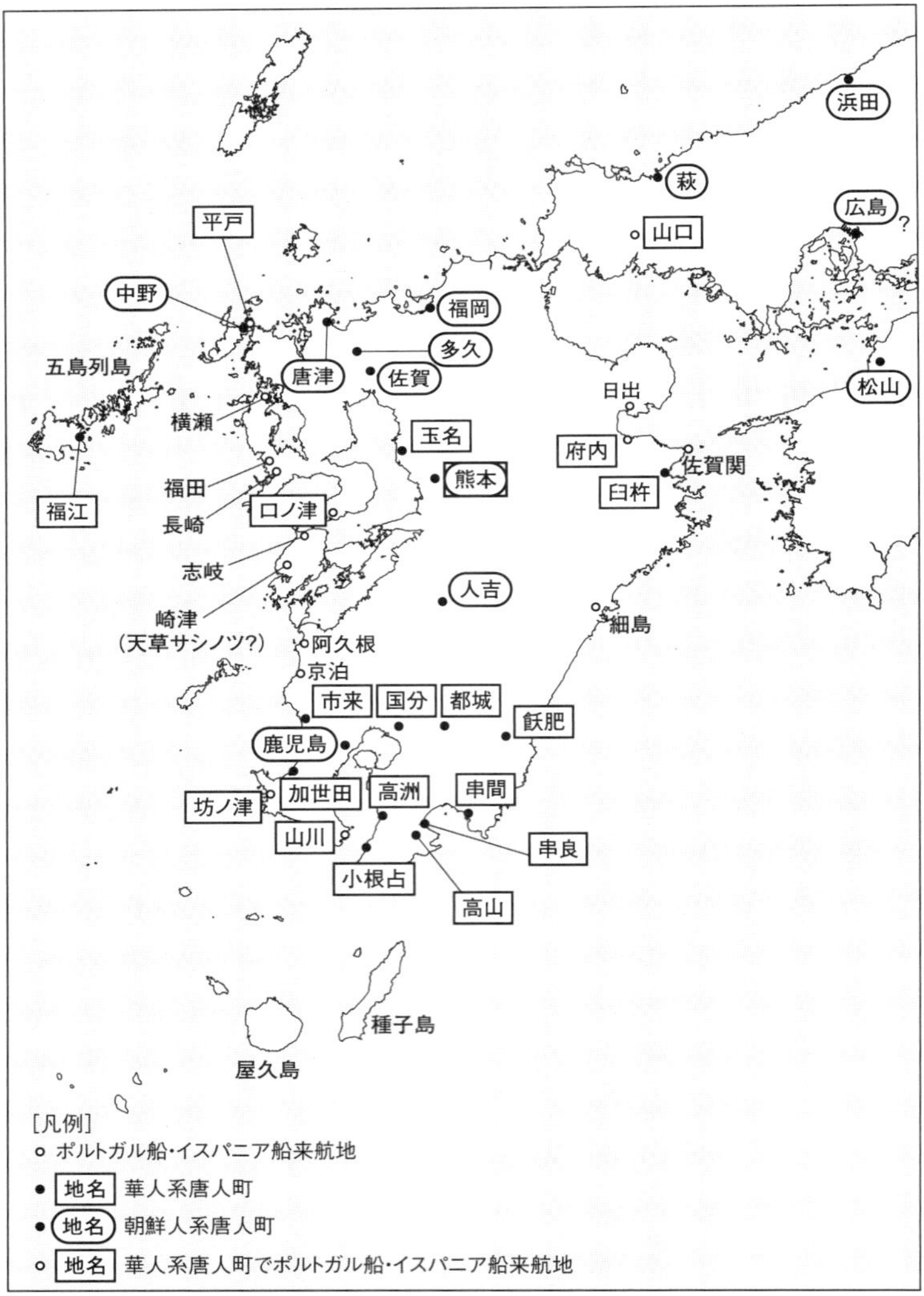

南西日本の唐人町とポルトガル・スペイン（出典：荒野 2019、一部改変）

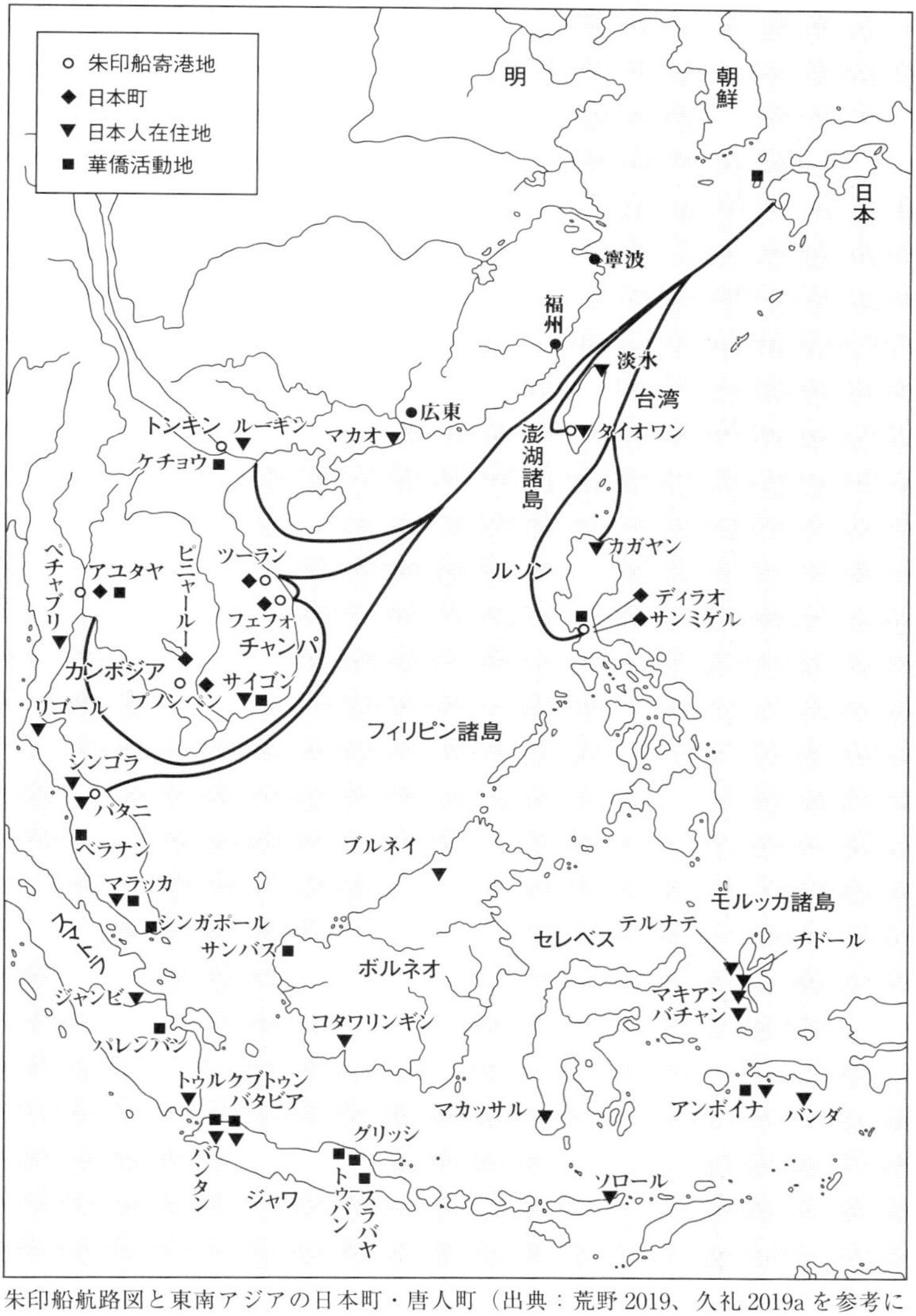

朱印船航路図と東南アジアの日本町・唐人町（出典：荒野 2019、久礼 2019a を参考に一部改変）

のと、パラレルな動向であった。列島人の活動はしばらく東南アジアの「日本町」ないし「朱印船」貿易で続くとはいえ、その局面も永続していない。

そもそも「日本町」「朱印船」貿易は、荒野によれば、王直の暮らした平戸をはじめとする「九州各地の唐人町と」ともに、「倭寇的状況が生んだ双生児と言ってもよい」(荒野 二〇一九：一五三)。まもなく列島人は、そこからもいなくなった。

従前の学説どおり、一六世紀までの「倭寇」「倭人」が列島人を含みながらも「日本人」でなかったとすれば、一七世紀以後の近世日本は、いわゆる「鎖国」で列島人もろとも、そこから離脱することで、近代につながる日本・「日本人」を創造したといえる。

いわゆる「鎖国」は、確かに荒野が批判したように、従前のような理解の鎖国ではなかったかもしれない。しかし荒野のいう「海禁」の徹底で、「倭人」の「海域アジア」から列島人を切り離し、列島そのものを東アジア・シナ海世界から隔絶し孤立させることで、閉じた列島内を改編した。そこから近世・近代の日本と「日本人」が生まれてくる。

かたやシナ海の向こう、当の中国大陸は、荒野のいうような「海禁」は存在しなくなっていった。政策的な消長はあっても、開放的だったことにまちがいはない。およそ日本とは開閉対蹠的な様相を呈するのであって、くれぐれも近世日本のアナロジーで同時代の大陸を見ることは禁物である。

だとすれば、いわゆる「後期倭寇」が収束し列島人が去っても、「倭寇的状況」の「海域アジア」が消滅するはずはない。列島人が姿を消し、いわゆる「コード」が消え去り、「倭」といわなくなっただけである。それなら「倭人」そのものは存在したはずであり、以後も「倭」とは呼ばない事実上の「倭寇」がおこって、おかしくはあるまい。

「華人の貿易ネットワーク」

個別具体的な「後期倭寇」という騒擾は、一七世紀に入って収束した、ということも確かに可能ではあろう。しかしいわゆる「倭寇的状況」が、そこで解消したわけではない。荒野じしんも「倭寇的状況」の「収束」は、「一八世紀初め」まで、時期を下らせている(荒野　二〇一九：一五三・一五八)。

それなら問題は、「倭寇」の「寇」を惹起する要因・構造が変わったのかどうかにある。それは日本史学では、ほとんど関心の外にあるけれども、やはり荒野の所説に興味深い記述があった。「倭寇的状況」をもたらした主軸が「華人の貿易ネットワーク」にあるという論点である。

この「ネットワーク」のような表現はおそらく、荒野が「倭寇的状況」という「造語」(荒野　二〇一九：七八)をはじめて示した一九八〇年代に主としてアジア経済史研究で使われていた概念であろう(浜下・川勝　一九九一)。「状況」という「造語」も、そうした隣接分野との連携を生かしつつ、大陸の動向も視野に入れた学問的な所産だった。

それでもいわゆる「ネットワーク」に対する理解は、いっそうの批判や提言をともなうような立ち入ったものではなかったし、それ以後、大きく進展したようにも見えない。それはもちろん、明清中国の社会・体制および対外関係を説明できていない東洋史・中国史の研究の側に、主な責任がある。

「後期倭寇」の時期、「海域アジア」の大部分は、中国大陸の沿海であり、その後背地には華人の世界がひろがる。だから「華人の貿易ネットワーク」が発達した。

そしてすでに王直の事例でみたように、その「ネットワーク」とは宛然、一大コミュニティの連鎖、ひいては国家的な存在となっている。「倭」「日本人」ではなくなったネガティヴに代位するポジの歴史像は、そこに求めるべきであって、とりわけ「ネットワーク」を生み出す大陸全体・沿海地域の政治社会構造に対する理解が欠かせない。

日本史学の「倭寇」研究は、「倭寇」「倭人」が日本人ではなかった事実を立証してきた。しかし日本人でないなら、「日本史」が扱うこと自体に矛盾が生じる。「日本史」という枠をはずさねば、その矛盾は解消しない。「後期倭寇」収束以後は、あらためて別の文脈から考察が必要となる。

第2章 「互市」の時代

1 鄭成功

事例として

前章でみてきた「倭寇」概念の変遷をあらためておさらいしておこう。当初は単に日本人の海賊・暴虐行為を意味するだけだった。しかし研究の進展によって、現今では、その担い手は「日本人」ではなく、列島人的な「コード」を共有してきた「倭人」とみるのが定説となっている。そしてその行為も、騒擾ではあるものの、それは官憲の立場からみたそれであって、むしろ民意ないし社会経済の実情に背いた法制と行政に由来していた。このあたりが最大公約数的なみかたであろう。

ただし以上の説明はけだし、あくまで狭義でしかない。行為としての騒擾・担い手としての「倭人」の組み合わせがあって、はじめて「倭寇」という熟語・成句は成り立つ。しかし「倭寇」と名づける史実を成り立たせたのは、事件としての騒擾、また姿態としての「倭人」にとどまるであろうか。

荒野泰典があえて「倭寇的状況」と称した経緯からも、狭義にとどまる事情は明らかである。「状況」の進展を考え合わせれば、さらに時空のひろがりをもちうるのではないか。

「倭人」による海賊行為・騒擾という「寇」は、たしかに一七世紀に入って「収束した」のかもしれない。しかし荒野も東南アジアの「日本町」を例にあげて説いたように、シナ海沿海の「倭寇的状況」は、以後も決して「収束」はしていなかった。狭義の概念・個別の事件と、広汎な全体的「状況」とが、そのように分岐してしまう実相・要因をみつめなくてはならない。

まず「収束した」ほうの局面である。そこには「倭人」たるべき「コード」の源泉・模範たる列島人が、シナ海から姿を消す契機をまず必要とし、それはいわゆる「鎖国」が提供した。しかるのち次第に「倭人」も自ずと消滅し、「倭人」の外貌に覆われていた「華人の貿易ネットワーク」が、いわばむき出しになってくる。かくて狭義には「収束した」とみえるにもかかわらず、全体的な「状況」は継続して、必ずしも「収束」したとはいえない局面も生じた。

以上のような遷移のプロセスは長期にわたったので、明確な転換点を示すのは難しい。変化を象徴する事例をとりあげたほうが、むしろわかりやすいし、また恰好の人物、あるいは史実経過も存在する。

「和藤内」

鄭成功とその興亡である。中国史上の人物としては、かつての日本人にもおなじみの一人だった。

おなじみだったのは、つとに同時代の戯曲・エンターテインメントに登場したからである。

一八世紀はじめ、近松門左衛門作「国性爺合戦」、元禄時代の上方・浄瑠璃の代表的な演目だった。筆者もふくむ現代日本人は、むしろそんな近世の藝能のほうをよく知らないのかもしれない。

「国性爺合戦」の主人公は「和藤内」という。日本に渡った大陸人の鄭芝龍を父に、列島人を母に持つという設定であった。

中国大陸では、君臨していた明朝が韃靼王と結んだ謀反人の李蹈天に滅ぼされる。明の忠臣呉三桂は皇子を救い出して匿い、皇帝の妹は海に逃れた。平戸に漂着した皇女をみつけたのが、二十数年前からこの地でくらしていた鄭芝龍一家。皇女と会って経緯を知った夫婦と子の和藤内は、明朝を復興するため、中国に渡った。

和藤内は途上、竹林に迷い込んで猛虎を退治するなど苦難をへながら、一同ようやく呉三桂と再会する。韃靼の討伐に向かって南京を攻撃、ついに敵を倒し皇子を位に即けて明朝を再興した。かくて波瀾万丈の物語は、めでたし、めでたし、大団円となる。

「国性爺合戦」は正徳五年（一七一五）に大坂竹本座で初演があってから、十七ヵ月続演という記録を打ち立てた。今も一部は、歌舞伎で上演する。それだけ人気が出たからこそ、以後の日本人に周知となった。

藝能・演劇にうとい筆者では、これ以上くわしく述べることはできないし、またここで論じる必要もあるまい。それでも気づくことはある。

もとより演劇だから、ストーリーはフィクションにはちがいない。それでも全くの絵空事というには躊躇する。

ひとまずは東アジアの史実経過をふまえているからであって、上に列挙した人々のうち、鄭芝龍・呉三桂は実名の歴史人物だった。「和藤内」こと「延平王国性爺鄭成功」も、ことさら「国姓爺」を違う用字にしてあるのを除けば、名実とも実在する。列島人の血を引いていたのも、韃靼王＝清朝に敵対したのも、南京を攻撃したのも、史実として誤っていない。

それにしても「和藤内」とは、ふざけたネーミングではある。中国側の父、日本側の母をもつ鄭成功は、「わ（和）」（＝日本列島）でも「ない（内）」、「とう（藤）」（＝唐＝中国大陸）でも「ない」という含意で、一種のダジャレ、演藝なればこその遊び心にほかならない。

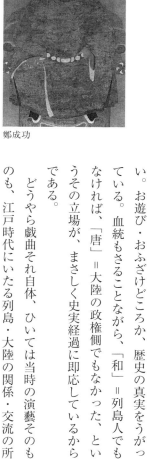

確かにダジャレではある。しかし、ここまでの論述から考えなおしてみても、やはり興味深い。お遊び・おふざけどころか、歴史の真実をうがっている。血統もさることながら、「和」＝列島人でもなければ、「唐」＝大陸の政権側でもなかった、というその立場が、まさしく史実経過に即応しているからである。

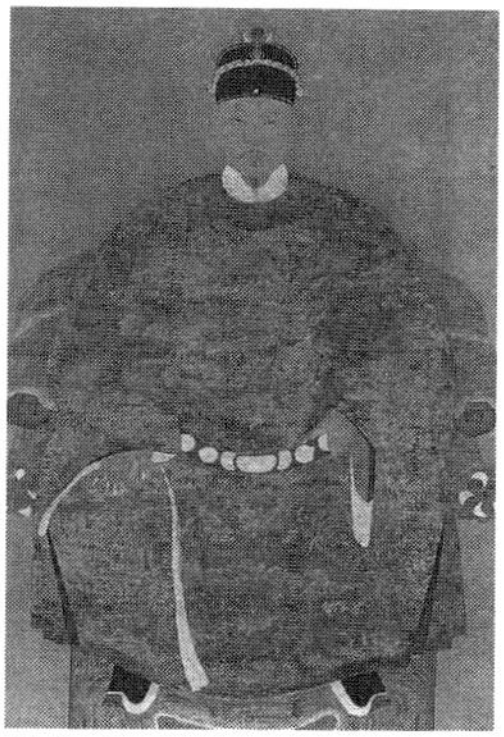
鄭成功

どうやら戯曲それ自体、ひいては当時の演藝そのものも、江戸時代にいたる列島・大陸の関係・交流の所産でもあった。すべては、いわば「倭寇的状況」の落とし子にほかならない。

鄭氏政権の興起

そんな演藝・フィクションから、史実にたちかえってみよう。狭義の「倭寇」が収束して、なお「倭寇的状況」も存続していた当時、鄭芝龍こそは、その最たる実在人物ではあった。鄭芝龍は一七世紀はじめに生まれた福建人で、主として列島との取引に従事した貿易商人である。マカオに滞在してカトリックの洗礼をうけたこともあった。千にも上る武装船団を有する勢力をほこり、平戸にも拠点を有していたことなど、前世紀の王直と酷似する。要するに、帰属不明の「境界人」「倭人」にして、かつてしばしば蜂起した「倭寇」と何ほども変わらなかった。

一六世紀の末から一七世紀の初めにかけて、大陸側で明朝が海禁を事実上緩和し、また列島側でも、豊臣統一政権が海賊停止を徹底したため、狭義の「倭寇」、沿海の騒擾はひとまず鎮静化している。けれどもそれで、海上武装勢力が消え去ったわけではない。鄭芝龍はその代表的な存在なのである。

その鄭芝龍はやがて列島から台湾、ついで福建沿海に本拠を移し、台湾に入植したオランダ東インド会社との貿易で、巨万の富を築いた。もちろん日本列島とも、直接の交易に従事している。そのかれが平戸藩士の娘との間にもうけた息子が、鄭成功であった。

清朝が一六四四年、明朝滅亡後の北京に入ったのち、まもなく江南に進軍してくると、明室を奉じる残存勢力「南明」は、福建省にのがれて鄭芝龍の勢力にたよって、清朝に対する抵抗を組織しようとする。この勢力が日本の江戸幕府などに、しばしば援軍を求めた運動、いわゆる「日本乞師」は有名で、列島とのコネクションをかいま見せる史実ではある。「鎖国」に舵を切っていた日本側が応じるはずもなく、もとより運動は成功しなかった。

南明はまもなく清軍の攻撃を受けて内訌をくりかえし、勢力の維持すら危ぶまれてくる。そのため、形勢に分がないとみた鄭芝龍は、南明を見限って清朝に降った。

これに異をとなえたのが、息子の鄭成功である。頑として清朝への帰順を肯んぜず、父親と袂を分かち、廈門《アモイ》に拠って一族の武力を掌握し、南明政権に与した。

廈門はもと「倭寇」の根拠地で、かつて明朝が海禁を緩和した月港の近くに位置する。その後継都市といってよい。

清朝は鄭芝龍に息子の降服実現を執拗に求めたものの、工作は失敗に帰する。鄭芝龍はけっきょく処刑された。

かたや鄭成功は即位した南明の皇帝から優遇をうけ、明朝の国姓「朱」まで賜っている。「国姓爺」という呼び名の由来であって、感激したかれは、生涯を清朝との戦いに捧げた。東シナ海の制海権を握って、海上から大陸の清朝を攻撃する、というのがその基本戦術である。一六五九年には大々的な攻勢に出て、浙江沿岸から北上、長江を溯行して南京に迫ったものの、最終的に敗北を喫した。鄭成功は勢力を立て直すため、一六六一年、台湾で勢力をひろげていたオランダ人を駆逐して、本拠をそこに移す。

海禁の復活と鄭氏の敗亡

その大陸政権、明朝を後継した清朝は、外洋で戦える兵力の乏しいこともあって、鄭成功の勢力には、ほとほと手を焼いていた。南京ではどうにか撃退したけれども、いっそう効果的な対策を打たねばならない。

つとに海上交易を禁じる海禁令を発布していたのも、鄭氏の活動に制限を加えるためであった。一六五〇年代も末、南明の勢力もほぼ鎮定し、大陸がひとまず清朝に帰順したのを見計らって、その海禁をさらに徹底する。順治十八年（一六六一）、沿海での交易・漁業を禁じたのみならず、沿海の住民を海岸から内陸に強制移住させる命令を発した。著名な遷界令である。

もちろん鄭氏の勢力と沿海・内地との連携を断ち切る目的であり、一種の大陸封鎖だった。そこまでやらなくてはならないほど、清朝は危機感をもっていたのである。海上の鄭氏に劣らず、沿海地域の向背が重要だったかもしれない。

遷界令発布の翌年、「国姓爺」鄭成功は、志半ばで世を去った。享年三十九。けれどもその海上勢力は、かれ亡き後もなお健在である。台湾の鄭氏政権は「反清復明」の姿勢を貫いて、南明の年号「永暦」を使用しつづけ、以後二代にわたり、四半世紀近くその勢力を保って、大陸政権の脅威でありつづけた。

あたかも大陸内地では、清朝にいったん帰順していた南方の漢人軍閥の反乱、いわゆる「三藩の乱」が起こった時期に重なる。もちろん鄭氏はこの勢力と通じたから、清朝が恐れた海上・沿岸の連携も生じた。遷界令もその政治的軍事的な目的には、さしたる効果がなかったとみるほかない。

しかし鄭氏政権も苦しかった。東南アジア島嶼部へ進出し、活動を活潑化させた（久礼 二〇一九b）ものの、試みた大陸進攻は成功しなかったし、やがて本拠の廈門を放棄したばかりか、主力の艦隊も大半を失うに至る。後継争いの内紛も重なって、大陸の反清勢力が衰えるにつれ、形勢が次第に不利に傾いてゆくのは、いかんともしがたい趨勢であった。

そんな鄭氏政権との戦いの前線に立ってきた清朝の水軍司令官が、施琅という人物である。もと鄭芝龍の部下だった。しかし家族を鄭成功に殺されたことから、清朝に降った経歴を有する。この施琅が一六八二年、廈門で艦隊を編成し、鄭氏政権に対する総攻撃の責任者となった。

恩讐・順逆という人間関係ながら、個人の出処進退にはとどまらない。施琅の行動を地域に置き換えていえば、いったんは海上勢力と通じた沿海地域が、あらためて大陸に帰服したわけで、いわば同じ類型の集団が海上の鄭氏と沿海の清朝に分かれて対決したともいえよう。

その結果、施琅の軍勢が翌年、澎湖島を急襲して鄭軍をやぶり、戦力のほとんどを奪って勝利を収めた。鄭氏政権はもはや孤立無援、無条件降伏のほかない。かれらの拠った台湾も、こうして清朝の版図に属することになった。台湾が大陸政権の統治を受けるのは、史上はじめてのことである。

「倭人」の限界

鄭成功とその後継政権の存在・活動に、大陸の北京政権は大いに手こずった。けれども清朝の皇帝は、降服した叛徒の鄭氏を厚遇する。前代明朝の遺臣として、最後まで忠義をつくしたと称賛した。

本気でその忠義を嘉したのか、政治的に王朝政権への一般的な忠義、ひいては清朝自らに対する具体的な漢人の忠誠を期待したのか、思想的に前代明朝からの正しき継承、つまり正統を意識したものなのか。すべて兼ねていたかもしれないし、あるいは別のねらいもあったかもしれない。

ともあれ義挙・忠臣という評価は、いかにも日本人好みであった。戯曲「国性爺合戦」の筋立て・評判に大いに影響したであろう。しょせん他人事だから、込み入った史実やその内情には無頓着だった。エンターテインメントなら、どうでもよいことではある。

あらためて演藝を離れてみよう。鄭氏政権はたしかに、明朝の復興をとなえた。政治的な目標はまぎれもなく、そうである。けれどもその歴史的な性格は、「倭寇」「倭人」の末裔であって、かつては海禁を国是とする明朝・大陸政権に敵対した海上武装勢力にほかならない。それがこのたびは、海禁・遷界令を布いた清朝・大陸政権と対峙、さながら一大敵国であった。構図は明朝と対決した一六世紀の「後期倭寇」そのままである。むしろ同じ「状況」が継続していた、とみるほうが正しい。

しかしその外形・表層は、確かに変わった。列島にとって鄭氏の命運など他人事、「倭寇的状況」とも無縁だったのは、もはや「鎖国」で海域の「倭人」的な要素が消失していたからである。

かたや列島人の血を引き「倭寇」の末裔でありながら、鄭成功・鄭氏の政権も列島とのつながりは、むしろ切れてしまった。これも「鎖国」・日本列島のありようの変化による。かれらはもはや「倭寇」でも「倭人」でもなかった。

近世の列島人からすれば、「和藤内」・鄭成功に同情・共感はあっても、単なる英雄でしかない。当事者でも関係者でもなかった。

「倭人」・列島を抜きにしても、シナ海で「倭寇的状況」が継続し、「後期倭寇」の構図が復活したのだとすれば、「状況」それ自体とそれを支える原動力は、列島と直接に関わってこないことになる。むしろ切り離して考えたほうがよい。

少なくとも一七世紀以降のシナ海世界をみるには、「倭人」「倭寇」が不在である以上、列島を介さずに荒野のいう「華人の貿易ネットワーク」を直截みきわめて、その正体・推移をつきとめる必要がある。そこに「倭」概念と不可分な日本史学の限界があるとすれば、やはり補わなくてはならない。

2 「倭寇」から「互市」へ

海禁解除

それでも平戸生まれの鄭成功までは、おそらく日本史の視野に入っている。それ以降はどうか。かれが歿したころ、列島はすでに「鎖国」。大陸とのつながりが皆無になったわけではないけれども、列島人・日本の政権との関わりはごく希薄となった。したがって既成の日本史では、ほぼ扱えない。

東洋史学が引き受ける必要は、かくて生じる。列島・日本史ほど精細な記録史料を有さない東洋史学は、「倭寇」研究にかねて消極的だった。日本史学との差別化もあったし、対外関係に冷淡な学風も日本史と同様に存在していたからである。しかし現在は、機運も変わってきた。これまで日本史学に任せてきた部分も、積極的に担うべきだろう。歴史像は比較すれば、かなりぼやけるものの、その点はいたしかたない。いくら鮮明でも、偏ったアングルで、モノをみるよりはマシである。

清朝政府は鄭氏政権を倒すと、まもなく遷海令・海禁を解除、海上の交易・漁業を全面的に公認した。もはや大きな治安の悪化、沿海の騒擾は起こらない、あるいは海禁を継続しても、よい結果にならない、と判断したからである。

だからといって、たとえば海賊行為や海外渡航を全面的に禁止し、また貫徹できた列島の豊臣政権や徳川幕府のように、大陸の清朝が沿海・海上に強力な実効支配を及ぼしえたわけではない。海禁も遷海令も徹底できなかった弱体な政治力が、にわかに強まるはずもなかった。

そこで最も抵抗・コストの少ない方法をとらざるをえない。公然と反旗を翻して自らに攻撃を加える武装勢力は、「三藩」・鄭氏政権のように討伐する。しかし体制に違背せず、秩序の紊乱をきたさない、という見通しさえつけば、在地の集団・勢力に対し、立ち入った介入や干渉はしなかった。

なるべく既存の慣行慣例に委ねる方針だったとみられる。そうした事実経過は、時と地により千差万別なので、機微が摑みづらいものの、清朝の統治はその原則で、けだし一貫していた。内外それは変わらず、海禁の解除もその対外的な発露だったといってよい。

というよりも、内外の区別がまず曖昧であった。沿海地域もそれは同じ、前代の明代からひきついだ事態だった。

「華夷同体」

明朝政権の体制は、そもそも内外・華夷を峻別、いな差別するドグマから成り立っていた。

海禁をふくむ、いわゆる「朝貢一元」の体制構築などは、それを具現化した施策だったし、現代の規模に修築を施した万里の長城は、まさしく彼我を隔てることを目的とした壁、象徴的な建造物である。

しかしそうした体制は、時代に合わなくなってきた。江南デルタを中核とする経済の復興と発展、それを基軸とした大航海時代の商業ブームが起こったからである。すでに地域間分業が盛んになり、海外を巻き込んだ商品流通が拡大していった。大陸内部のマネー需要も高まってくる。

しかし明朝政権には、こうした動向に対応する制度も政策も、また識見・意思もなかった。民間では政府当局の措置を待たずに、相応の設備をととのえ行動をとらなくては、生業・生活が成り立たない。

そこで独自に銀を決済通貨に設定した。銀は大陸では不足していたため、海外から調達せざるをえない。その主要なターゲットになったのが日本列島、その焦点の一つに、たとえば石見銀山があったのは、上で述べたとおりである。

そこに生じたのが日本列島を包摂する「華人の貿易ネットワーク」すなわち「倭人」であり「倭寇」だった。それなら「倭寇」の母胎は、やはり大陸にこそ存在する。

そもそもが「貿易ネットワーク」なのだから、「貿易」する相手が必要であり、大陸人だけで網《ネットワーク》の目は紡げないし結べない。海外と内地とを分断する明朝の体制・制度に抗う必要がある。

さもなくば生業・生活が成り立たない人々も多かっただろうし、あるいはそれでもっと富もうとする輩もいた。

かくて、明朝の観念的原理的な「華夷秩序」とそれを支える制度・政策に対する信頼は、地を掃って失われる。「華」と「夷」の分断・隔絶はもう願い下げ、自分たちの行動を妨げないならまだしも、理念・法令を墨守しただけの弾圧には、あえて反抗も辞さない。沿海の「倭寇」という騒擾は、そんな民間の意向・心情をあらわした行動の一つだった。民意の表現といってもよい。

日本人・日本史はその「倭寇」をとりたてて問題とする。それで怪しむことはない。列島人が関わっているからである。しかし大陸に存在する母胎に視座を置けば、「倭寇」を生み出す心情と行動は、決して列島・シナ海に限らなかった。治安の悪化・対外的な脅威というなら、むしろ首都に近い北辺のほうが重大であって、つまりモンゴルとの関係にあてはまる。

いずれも外界の「夷」人が「華」という内地に押し寄せてくるだけではない。内地の「華」人もあえて「夷」人と一体となり、「華」から「夷」という外界に身を投じる者もおびただしかった。

当時の大陸側の史料には、そんな情況を「華夷同体」と称した記事もあって、事態をよくいあらわしている（岡本　一九九九）。「華」と「夷」を分断するはずの沿海地帯・長城附近には、そうした「華」「夷」混成のコロニー・コミュニティがたくさんできた。

たとえば南方の海岸、ひさしくポルトガル領だったマカオは、そんなコロニーのなれの果て、鄭成功が根拠地にした厦門も、やはり同じである。北辺の草原もそうであって、現在のフフホトなどは、この時にできた聚落に由来する都市だった。

そこで東洋史学では、大陸の人口に膾炙した「北虜南倭」という成句を援用して、南北を併称することが多い。南方沿海地域の「倭人」、北方長城地帯のモンゴルという二つの騒乱現象をあわせて問題としたのは、時期を同じくするからであり、とりもなおさず動因・性格・本質も共通していたからである。

それなら「倭寇」だけ個別にとりあげては、中世日本にしかコミットしなくなるので、必ずしも十分とはいえない。「倭寇」の専門研究に東洋史学がやや冷淡だったのは、そこにも理由がある。

またグローバルヒストリーの現代、やはりもっと通時的・空間的に汎用性のある視座・概念で考えなくてはなるまい。だとすれば「華夷同体」は、その表現の一つになりうる。「倭寇」を事象的な「倭寇的状況」のみならず、構造的な「華夷同体」ともみなせば、いっそう分析・理解がひろがるにちがいない。

海関の設置

清朝政府が海禁を解除するにあたり、設置したのが海関であった。「海関」とは現代中国語で、日本語の税関を意味する。字面はまったく変わらない。当時も貿易をはじめたのだから、税関を設けたのだ、とみれば、それで出来事の意義も納得できてしまう。けれどもここでは、いっそう歴史的に考察を深めなくてはならない。

「海関」とは史上それまでなかった語彙・術語である。つまりその言葉が表現すべき実体も存在しなかった。清朝・一七世紀末にはじめてできた機関・制度なのである。前代の明朝は海禁を布いて貿易の存在を否定したから、いまの税関に相当する機関が存在するはずはなかった。

それなら貿易を認めたから、現代と同じとみてよいかといえば、必ずしもそうではない。現代国家の税関は、国境の存在を前提とする。この時期のシナ海域におけるその存否は、観念もふくめ、つとに村井・荒野が疑ったところであった。したがって、海関が今日的な意味での税関ではありえない。

そもそも「税関」という語彙は、当時・明代の大陸・漢語にも存在する。つまり現代日本語の税関と同一の字面ながら、意味は同じではない。

「関」という漢字は「閉」と同義、閉ざす、不通を意味する。たとえば中国語でふつうに使う「閉関」なる語があって、シャット・アウトの意、日本語なら「閉鎖」というのに近い。「関門」「関所」という熟語は、日本語でもおなじみであろう。

中国史上の歴史用語でいえば、明朝政府が商業流通に対して設けた機関が、「関」であり「税関」である。農本主義で反商業の明朝は、海外貿易を禁じた。けれども内地の取引・流通を根絶することは、もとより不可能である。ミニマムの流通をみとめながら、管理統制するチェック・ポイントを設けた。「閉」と同義の「関」と名づけたのが、いかにも明朝らしい。そこで当時はとりわけ通貨管理に資するため、紙幣の回収を兼ねて徴税を実施した。そのために「税関」といい、また「鈔関」とも称する。「鈔」が当時の紙幣を意味したからである。

そして従前は、いかに有名無実とはいえ、朝貢一元の体制だった。海外とは朝貢を通じた通交しかできないから、公式には貿易取引は存在しない。つまり「税関」は、あくまで内地にしか存在しなかったのが通例である。

「海関」とは文字どおり、その「税関」の沿海バージョンだった。制度上の区別はない。商業取引のあるところに設けるチェック・ポイント、ないし徴税機関なのだから、沿海での商業の存在を前提とする。しかもそれが対内的な官庁だったことも見のがせない。つまり従前の外・夷との境界を内地化した、ともいえるからである。

それでは、なぜそんな機関の設置になったのか。そこにどのような意識が働いていたのだろうか。

海関の制度的位置

一貫してあらゆる局面の前提をなしていたのは、やはり「倭寇的状況」を招来した前代・明朝の体制である。朝貢一元の体制は観念的、イデオロギー的に、陸海を内外に隔てたのみならず、海禁令・万里の長城で物理的にも分断した。両者は「華夷」を分かった境界線でもある。その分断・境界が民間社会の実態・意向に即していなかったところから、沿海地域と長城附近で「北虜南倭」がおこった。

その要因は何より、大航海時代以降の通商ブームである。内地の生産流通の発展と海外の需要が結びついて貿易の欲求が高まって、必然的に内外・「華夷」の分断・境界を無効にする動向を招来した。貿易という経済的な動向が「華夷同体」という社会的な趨勢を惹起し、政治的な境界と摩擦を生じ、「北虜南倭」という騒擾をもたらす。

こうした治安悪化の「状況」の行き着いた先が、明清交代をへた、清朝と鄭氏政権の勃興と対立だった。清朝が北京政権をひきつげば、さしあたってはその北京の体質もやはり踏襲し、明朝の後継者とならざるをえなかった。南方と向き合うにあたっても、沿海の平定・治安の回復がみこめない以上、海禁・遷海令は清朝にとって、避けられない選択だったのである。

しかし鄭氏政権・沿海地域・海上勢力が帰順してくれれば、自ずから話は別であった。「北虜」のなれの果ての清朝は、どうやら沿海・海上の元「南倭」たちの立場・気持ちがわからないわけではなかったようである。少なくとも政権に違背させないような措置の必要は理解できた。そこで海禁・遷海令を撤廃、海上の往来・交易を認めたのみならず、さらにそれをなるべく円滑化する方針で臨む。

そこで設けたのが海関であった。すでに商業流通の拡大に応じ、内地関の所轄する範囲・役割もひろがっている。それを沿海にまで延伸したのが海関であって、いわば内地関の沿海へのエキスパンションだった。従前の外・夷との境界を、あらためて内地化した、といってもよい（岡本　一九九九）。

内外の分断を接合し画分を希薄化し、「華」と「夷」を一体化するのが海関の役割であった。それなら海関とは、現代のように国境を分かつ税関ではない。明代の「北虜南倭」をひきおこした「華夷同体」の事態に即応し、内外の相剋を鎮静化する機関であった。ひいては、ほかならぬ清朝政権が標榜したイデオロギーたる「華夷一家」をも象徴していたといえよう。

制度構造

以上のように海関といっても、制度のしくみは内地関と同じで、また税関といっても、今日的・近代的な官庁ではない。当時の清朝政権にそうした組織を設ける力量はなかった。貿易の実際量をとても逐一把握できなかったから、一定額の税収を定めて、交易にあたる一部の商人を納税者に指定、売買から上がった収益から定額を納入させるのみ、取引にあたっての規制も、その商人に実施を一任しつつ、当局者は監視するのみだった。

したがって監督・収税の便のため、そうした納税商人はなるべく大口の取引にあたる卸売業者がよい。それも内地・沿海の別なく同じだった。海外から来航する貿易なら、輸入品をもたらし輸出品を買い上げる海外の商人を受け入れ、滞在させる業者が存在する。かれらが外来商人と取引をおこなうと同時に、実質的な徴税も担当した（岡本　一九九九）。

こうした業者は否応なく、海外の人々と緊密に交わらざるをえない。明代・海禁の旧体制なら、いわゆる「華夷同体」の担い手であり、したがって「倭寇」に分類されたはずの人々である。それが清朝では体制にくりこまれて、海関の主要機能を果たした。明清の交代の意味、連続と変化は、ここからもみてとれよう。

清朝はこうして商業を開放した。とりわけ旧来「北虜南倭」の騒擾だった対外貿易は、平穏な経済行為に転換する。それをのちに「互市《ごし》」と称した。

この「互市」では、当局・権力はなるべく民間社会に干渉しないのが、基本原則だったようである。問題が起こったときも、清朝政府は可能なかぎり、政策・行政として介入していない。もとより史料記述に残るのは、平時通常の慣行よりは、有事における能動的具体的な政策行動の局面である。特殊な例外的事例が多い。それを一般の行動様式・態度方針ととりちがえないようにする必要がある。

こうした清朝当局の非介入を「沈黙外交」と称する向きもある（岩井　二〇二〇）ものの、「外交」的な局面に限らない。歴史的な経過でいえば、民間の経済活動に対し、明朝政府・当局が過度な干渉を行ったため、「北虜南倭」＝「倭寇」の摩擦が生じ、清朝は介入を手控えたため、摩擦が減じた、と整理できよう。

海関と「互市」はもともと、そのように民意に逆らわない制度的な枠組みだった。かつて

「倭寇」だった「華夷同体」の担い手が、制度をととのえた「華夷一家」の政権から委任をうけて、「互市」の実務をすすめたわけである。

だとすれば、権力的な理念・政策が社会的な民意・活動と平仄が合って、ようやく平穏を回復し得た。大陸沿海・東アジア海域を治めるには、どうやらそうした条件が必要だったようである。

「互市」のはじまり――日中貿易の帰趨とデフレの脱却

日本のいわゆる「鎖国」により、列島人がシナ海域から姿を消し、前代の「倭寇」から「倭」が脱落する一方で、列島・「倭人」を抜きにした「倭寇的状況」＝「華人の貿易ネットワーク」とそれを成り立たせた母胎、すなわち大陸の経済社会のありようは、このように厳然として存続していた。しかも一七世紀末以降、民間の意向・社会の慣行に即した制度的枠組みになったので、「寇」の現象も消滅し、シナ海貿易そのものも継続する。

列島との貿易も、しばらくはかわっていない。「鎖国」で海域から「倭人」は不在になっても、「華人」が大陸から列島に出かけることは可能である。寧波から長崎に商人が来航し、交易に従事するという一方通行ではありながら、もとより「寇」という騒擾のともなわない、平和裏の貿易関係だった。列島の貴金属・海産物にはあいかわらず需要があったし、大陸産の生糸は列島でも依然、垂涎の的である。

しかしこのような日中貿易も、一七世紀の後半から減少をはじめた。日本の貴金属資源が涸渇してきたからである。

列島からの輸出は確かにその後も、銅や海産物と主要品目を変えながら、続きはする。けれども減退の趨勢は、一九世紀の終わりに至るまで、およそ一貫して変わらなかった。列島の経済社会はその間、貴金属不足に対処した通貨管理・輸入代替を果たして、「クローズド」な構造へ一大転換をきたすのは、周知のとおりである。

貿易の減少で影響をうけたのは、列島にかぎらない。大陸はなおさら、そうである。文明の古い大陸では、貴金属の鉱脈は涸渇していたから、海外からの供給に頼らざるをえない。そして日本のような政府権力の通貨管理を欠いていたため、民間ではそれ自体に価値のある貴金属の銀を通貨として用いた。貿易が減少すれば、特産品が海外に売れず、貨幣たる銀が入ってこない。銀の輸入・流通が不足すれば、輸出品のみならず、モノが各地でだぶつき需要が全体的に落ち込んで、物価が低落する。

これがまさに一七世紀後半の大陸の景況であり、当時のことばで「穀賤傷農」といった。穀物が安価で農民が苦しむ、との意である。もちろん穀物・農民ばかりではなく、全般的な物価低落による窮乏、いわゆるデフレ不況にほかならない。明代・大航海時代以来、対外貿易と銀流通の多寡が景気を左右する経済構造になっていた。

そんな不況を政治も映し出す。時の天子・康熙帝は質実剛健、節倹を励行した。節約する、浪費しない、といえば、美徳ではある。しかしケチといってもよい。為政者・君主がそうでは、政府も緊縮財政、財政支出が減って、市場に流通する通貨の銀がいよいよ引き上げられ、マネーサプライの減少に拍車をかけた。

どうやら底を打ったのは、一七世紀最末期から一八世紀の初めにかけてである。一八世紀の前半から緩やかなインフレに転じた。ところが上で述べたとおり、日本列島は貴金属の供給源としては、もはやジリ貧、有力な調達先ではない。それでも物価があがったのなら、通貨量は増えていたわけで、銀を列島の代わりに供給してくれる相手が、新たに見つかったことを意味する（岡本　二〇一三）。

3　「倭寇」「互市」から「夷務」へ

康熙から乾隆へ

清朝の全盛時代は、元号で「康熙・乾隆」といい、久しく人口に膾炙したフレーズだった。明清時代は一世一元なので、現代の日本の天皇と同じく、元号はすなわち君主名でもある。康熙帝と乾隆帝は祖父と孫の間柄、間に十数年の比較的短い在位の雍正帝をはさんで、そろって六十年という長期の在位を実現し、ともに稀代の名君と称せられた。

その全盛の治世、西暦なら大づかみに「康熙」は一七世紀の後半、「乾隆」は一八世紀後半の時期にひとしい。それぞれをさらに言い換えれば、前者は戦乱・不況、後者は平和・好況の時代だった。「康熙乾隆」とまとめた四字熟語ながら、世相は前後まったく逆なのである。

そこに作用していたのが、じつに貿易であった。「康熙」「乾隆」各々の世相にいまひとつくわえるなら、前者は貿易衰微、後者は貿易旺盛の時代だと大別できる。

「康熙」の御代・海禁解除以後に衰えていった貿易とは、とりわけ列島とのそれであった。デフレ不況の一因でもある。しかし一八世紀に入ると、大陸経済はデフレを脱却した。列島はその間、ひきつづき「鎖国」の態勢を強めている。対中貿易はおよそ減少の一途であった。

だとすれば日本は、以後の「互市」、ひいては大陸の経済社会の趨勢にほとんど関わってこない。一八世紀以後の大陸に対して、日本史学の関心が薄いのも、やむをえない次第ながら、それが現在にいたるまで、「倭寇」に対する日本人の研究や理解に影響してきたのも事実だろう。

康熙帝

日本の退いたのち、一八世紀の半ばまで、清朝の重要な貿易相手は、東南アジアとインドである。双方の特産、たとえば茶・磁器と米穀・綿花などとのやりとりであり、以前から継続し、以後も堅調に推移した。逆にいえば、変数としては考慮しなくてもよい。

その一方で海禁解除からまもなく、一八世紀初頭より広州に来て、貿易を営みはじめたのが、イギリスなど西洋諸国の貿易商人である。もっともインド・東南アジア経由の来航だったから、ほぼ上述の貿易と区別はつかなかったし、量も当初は比較にならないほど少なかった。

ところが一八世紀も半ばを過ぎると、その西洋が大きく貿易量を伸ばしてゆく。康熙から乾隆への経過とは、貿易でいうなら、相手が日本列島から西洋諸国に交代したことにひとしい。

日本から西洋へ

その貿易の内容を一言でいうなら、中国産品の購買・買付である。やはり以前から著名な生糸・磁器など、中国ならではの特産物だった。そしてこの当時にとりわけ注目すべきは、茶である。

喫茶の習慣は産業革命が始動していたイギリスを中心に、欧米で定着しつつあった。茶は日常生活に欠かせない必需品となってゆく。

したがって輸入も、大きく伸長した。イギリスはそうした情勢に応じて、一七八四年、一〇〇%以上だった茶の輸入税率をおよそ十分の一に引き下げる。これを転機に、いっそう大量の茶を買い付け、消費した。

当時はすでに茶の課税などを一因として、アメリカ独立革命もおこっている。中国特産の茶がアメリカという国家を生み出したとするなら、それは西洋史のみならず、以後の世界そのものも動かしたといえるかもしれない。

しかも西洋諸国は当初、中国大陸市場の需要にみあう物産を有さなかった。茶の対価として輸出できたのは、銀しかない。これまた、往年の日本列島との交易、ないし「倭寇的状況」を髣髴させる。

大陸からみれば、茶の輸出が増えれば増えるほど、銀の流入は増加し、マネーサプライも拡大、物価もそのために右肩上がりの上昇をみせ、好況を現出していった。康熙の「穀賤傷農」とは、ちょうど逆の現象であり、貿易旺盛・インフレ好況の乾隆時代が、かくて実現したのである。

いわゆるヨーロッパの近代化と清朝の全盛「康熙乾隆」との間は、このように密接な関係にあった。そしてそれは、さかのぼって一六世紀、日本の近世化をうながした大航海時代の進展と明朝の動揺「北虜南倭」とが緊密に連関していたのと、あたかもパラレルな事象といえるだろう。

近世から近代へ

先には日本・後にはヨーロッパ、いずれも海からやってきた、いわば外部の作用が、大陸の経済・社会を左右していた。そうした作用が時を隔て発現したのは、明清交代を跨いだ二百年にわたり、受け手の大陸社会の基本的な構造が変わらなかったからである。

かつて「倭寇的状況」を現出した「華夷同体」構造にほかならない。「倭寇」とは「倭人」の「寇」（＝騒擾行為＝移動・交易）である。それぞれ日本の「鎖国」・清朝の海禁解除をへて「倭人」が消滅、代わって西洋人が登場し、以前の「寇」が「互市」に転化したのであり、それなら海側の外貌・表層・現象が変容したにすぎない。陸側の内実・基層・構造は依然として「華夷同体」であった。そこは連続している。列島主体の「倭寇」とヨーロッパ主体の「互市」とは、内的構造の本質は同じだったとみなくてはならない。

それでも二百年を隔てている。いかに内的な本質が同一であっても、顕在化した史実経過は、交代した外部作用と関連して、もとより同じではありえなかった。日本と欧米・「倭寇」と「互市」で変わったのは、担い手と規模と手段である。それがまた近代という時代を刻印していた（岡本　二〇一九）。

一六世紀は「倭寇」の時代、「倭人」が担い手、シナ海域が活動範囲であって、その源流・原資は、中世から近世にかけての列島およびその産物にあった。徳川時代の政権と社会は、「倭寇」「倭人」ひいては「倭寇的状況」を消滅させ、列島にたてこもってクローズドな「鎖国」状態に移行した。それが「近世日本」である。

それに対し、一八世紀の西洋は「近代世界システム」だった。その活動とはグローバルな世界経済である。中核《コア》の担い手は西ヨーロッパにありながら、周縁《ペリフェリ》も含めた構造《システム》は、アメリカ大陸を含む全世界に及んだ。もちろんその範囲・規模、ひいては財の動きも、かつての「倭寇

（的状況）」の比ではない。

そうした外部作用を当時の大陸社会に及ぼしたのが、シナ海沿岸の「互市」である。「華人の貿易ネットワーク」を紡ぎ出す「華夷同体」構造は、「倭寇」時代と本質的変化がない。両者の邂逅で現出したのが、乾隆の全盛時代であった。

光と翳

こうした外部作用にまず反応したのは、「華夷同体」をまず対人的に実践する沿海地域であり、もちろん貿易の隆盛である。その繁栄が内地に波及していった。そしてその反作用・波動が、また内地から外縁におよんで、以後の歴史のダイナミズムを形づくってゆくのである。

対内的波及の局面は、上述したインフレ好況だった。とりわけ都市の富裕層に奢侈安逸の気風が満ち、文化も爛熟する。富民はいよいよ富み、貧民もそれなりに生きていけるようになった。こうした景気の拡大で進行したのが、人口の増加である。

表面的な数字だけでも、およそ前後百年間で、人口は四倍になった。ごく概数でいえば、一億から四億である。当時とすれば爆発的な増加であった。それほどの規模はかつてなく、東アジア史上未曾有といってよい。世界史上空前の西洋近代の経済力が加わったことによる事態である。

大陸の漢人社会は、好況を謳歌して急激に膨脹した。しかしその受容の余地・対処の機関があったわけではない。

既存の開発地は住民がひしめき飽和状態、おびただしい数の人々が未開地への移住を強いられた。社会はいよいよ安定を失い、流動性を増す。新来移民はよそ者の常として、在来の住民と折り合いがよくない。新旧の住民で紛争・騒擾が生じがち、治安は悪化していった。

統治機構はそうした情勢に応じた拡大・強化・改編をしていない。そんなことのできる政治力は、清朝にそなわっていなかった。一七世紀・明清交代をはさんだ騒乱にあたって、一億の人々を何とか共存させるまでが、おそらく清朝の限界だったのである。

名君の誉れ高い乾隆帝をはじめ、聡明な為政者・指導層なら、繁栄を享受しながらも、迫り来る問題を察知していたにちがいない。それでも旧套墨守、手をこまぬくしかなかった。

権力はかくて膨脹する社会を把握、統制しきれず、当局は事案の処理能力を失い、民間の紛争は物理的な実力に訴えてでしか、解決できない情況と化す。

清朝に対する向背を問わず、民間の武装化がすすむのは必然だった。極言すれば、政治や秩序などはほとんど存在しない、暴力のみがまかり通る弱肉強食の社会である。以後の大陸を「匪賊の国」と呼ぶ向きすらあった（岡本　二〇二二c）。

一八世紀の大陸が享受した未曾有の好況・繁栄の帰結である。それがとりもなおさず、次の時代の出発点でもあった。

「実務」

そうした内地の情況は、ひるがえって沿海に及ぶ。やはり一九世紀に入り、海域でも取引の現場で、紛争が目立ってきた。それればかりではない。当局の記録には、海賊行為も頻出する。大きな事件も発生した（村上　二〇二四）。

事象・過程としては、内地と近似する。紛争が多発し、当局の行政が実効を失い、その規制を民間が顧慮しなくなって、いよいよ治安が悪化した。治安を維持するすべを当局はもっていない。貿易の現場でいえば、暴力沙汰でなければ密輸脱税と化す。いずれにしても違法犯罪にほかならない。

乾隆帝に謁見するマカートニー

法制の無効による沿海の治安悪化・脱法行為というなら、かつての「倭寇」と同じである。「倭人」がもはやいないので「倭寇」とはいわなかったにすぎない。しかし名称・担い手は異なっても、「倭寇」＝「華夷同体」という同じ条件・因果で発生したことは、容易にみてとれよう。

イギリスは貿易が急速に拡大するにともない、一方的な対清赤字の増加に業を煮やしていた。そこで一八世紀の末、大使マカートニーを派遣する。産業革命で大量生産をみた工業製品の市場も求めて、貿易条件改善の要求を清朝に提案した。

けれども乾隆帝の峻拒に遭う。にべもなかった。

帝をはじめ、清朝のエリートたちはこの時期、好況に呼応するかのように、全体として自信を強めている。漢人伝統の儒教にもとづく、いわゆる中華意識の肥大であった。

この主観と客観のギャップの広がりは興味深い。その因果関係はしかしながら、よくわからない。富庶を実現したので、ほんとうに自信をつけたのか。それとも、危機の到来を予見したからこそ、あえて虚勢を張らねばならなかったのか。おそらく発言者の立場により、また時期により、ありようはさまざまなのだろう。

ともかく史料に残るのは、中華意識の発露だった。物産に満ち溢れている清朝に貿易の必要はない。中華の産物を求めるイギリス・「夷人」がはるばる来航するから、やむなく恩恵として、貿易を許してやっているのだと、たとえば乾隆帝は説いている。

どこまで帝の本心から出た発言なのかはわからない。しかし以後、一九世紀に入って、清朝公式の見解はもとより、政府要人・知識人エリートの主観的態度も、おおむねそうだった。西洋人を「外夷」とし、その交易「互市」を互恵的な貿易ではなく、「外夷」に対する「中華」文明の恩恵行為とみなす論理である。そのため「互市」をことさら「夷務《いむ》」などと表現処遇した。

銀の流入をもたらした「互市」は、客観的には大陸経済の拡大に欠かせない。携わって生計を立てる関係者も少なくなかった。ところが政治指導層の観念では、なくてよかったものなのである（岡本　二〇一九）。

こうした客観的な民間社会と主観的な政権態度の動向の乖離が、以後の史的な構造線をなしていった。それなら三百年前の明代で、「倭寇」をひきおこした官民の条件そのままである。

第3章　近代史という「倭寇」

1　アヘン戦争と「条約体制」

アヘン貿易

清朝はインドとは上述のとおり、恒常的に安定した貿易取引を保っていた。綿花などインド産物は、大陸社会の需要があったからである。そのインドがイギリスの植民地になったため、対印関係は対英関係に重ならざるをえない。

さらにイギリスは、つとにアメリカ大陸とも一体の経済圏をつくっていたから、そこも考慮に入れる必要がある。要するに、イギリスが物産をもとめる清朝治下の大陸社会も、グローバルな世界経済に位置づけられていた。「互市」「夷務」もそのなかで動いていたのである。

清朝に対する一方的な銀輸出・貿易赤字に悩むイギリスは、銀に代わる商品をインド産物に求めた。以前から定評のあった綿花は、すでに飽和点に達していたから、種々ほかに試みている。やがて図に当たったのが、麻薬のアヘンだった。

その売り上げは一九世紀に入って、急速に伸びる。一八世紀末のインド・アヘン輸出は、統計上およそ四十万人分の消費量だったのが、一八三八年には十倍の四百万人分に急増した。これで茶の代価支払を相殺できたことから、インドと清朝との貿易はインドの黒字、英清貿易は

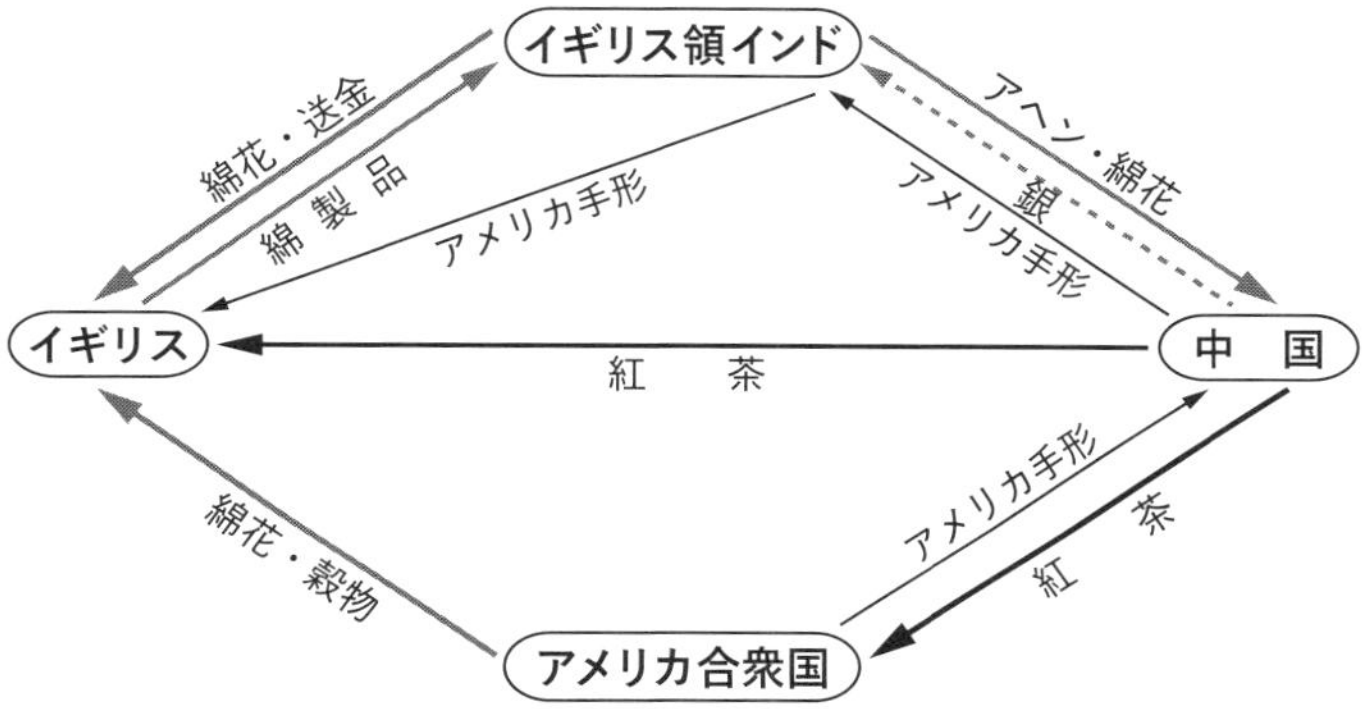

多角的貿易概念図

イギリスの赤字、これに英印貿易を組み合わせて決済する、史上有名な三角貿易が成立する。

さらにイギリスは綿工業が興隆すると、原料綿花をはじめ、アメリカからいよいよ多くの輸入に依存しなければならない。そこでその支払いをも、アヘン輸出の黒字でまかなえるように、ロンドンの国際金融市場に最終的な決済を集約させるグローバルな多角的貿易のしくみをつくりあげた。

かくて工業生産が増せば増すほど、より多くのアヘンが中国に入ってゆく。逆にアヘン貿易がなくなったら、産業革命のイギリス経済のみならず、世界経済もたちゆかない。そこにアヘン戦争が起こらざるをえない世界史的な必然性があった。

「自由貿易」

当時イギリスの経済的態勢を示すことばは、「自由貿易」である。これは政府公認の貿易をそう呼んだとともに、取引に従事した人々も同じく使ったタームである。したがって含意も、一義的ではない。

イギリスの政府レベルでは、それまで制限的独占的だった自国の貿易制度を改めた「自由」であり、また不当な制限を設ける清朝側の貿易制度を改めねばならぬ「自由」であった。したがってその「自由」とは、経済上・法律上で対等であるとはかぎらない一方で、また必ずしも放縦・無法を意味しない。あくまで合法的な範囲内の、秩序ある貿易の謂である。

麻薬のアヘン取引は清朝が禁じていたから、現地のイギリス官憲もそこは尊重せざるをえない。いかにそれが客観的に、世界経済の上で不可欠の貿易であったとしても、当局者たちの見方・意識・立場は別である。

それに対し、実地の取引を担った商人たちは、いわば束縛がない、文字どおりの「自由」を求めた。経済的に不可欠な貿易は、やはり実地でも主要な取引にほかならない。それが実に違法なアヘン密輸となって現出した。かつての東インド会社や清朝当局の公認する正式なルート、いわゆる合法的な貿易は、副次的なシェアしか持たない。

しかも清朝当局はそんな密輸に対し、内外ともに禁令は出しても、実効ある禁止措置はとらなかった。その能力がなかったというほうが正しい。

それなら主要な取引を実態どおり「自由」に扱わせろ、というのが、イギリス側の取引当事者たちの本音だった。こうしたアヘン密輸が「自由貿易でなければ、いったい何がそうなんだ」とすら叫ぶ当時の記録も存在する（Wakefield,1834：177）。またそれはイギリス商人のカウンターパートとして、非正規の違法な取引に従事した華人商人たちの要望でもあっただろう。

「互市」の転変

ひるがえって清朝側の立場からみれば、そもそも「互市」が明代・大航海時代の「倭寇」・シナ海沿海の民意に応えて、「華夷同体」を制度化したものである。しかしそれが始まって百年、「互市」という同じ語彙表現・同じ商取引でも、それをめぐる意識・観念は変わりつつあった。

もともと貿易行為を示した「互市」という概念は、朝貢など周辺国との上下関係に準じた意識が強まってゆく。やがて「華夷同体」というよりも、むしろ中華と外夷の乖離を表象するニュアンスを帯びた。

それにともない、「互市」の取引相手の遠国は、清朝の一方的な恩恵を享受すべき存在に位置づけられ、近代を迎えた西洋諸国からすれば、煩瑣で制限的な規則に遵《したが》わされる。それが一八世紀後半以降、「互市」の公式なありようになった。

そんな公式な「互市」の裏側で、制度から逸脱した民間の「華人」と「夷人」（イギリス商人）が、「自由貿易」のアヘン取引で、利害を合致させ「同体」化するようになる。かつて一体だった「互市」概念と「華夷同体」構造とは、こうして公式の制度と非合法な実態との両極に分かれていった。

近代世界経済の進展が、それに拍車をかける。それまで沿海で多発していた海賊行為も、アヘンの密輸がどんどん増えるにつれ、「自由貿易」「華夷同体」にとりこまれ、鎮静化した。グローバルな規模で産業革命の進展・世界経済の拡大に不可欠だったアヘン貿易は、こうしてシナ海沿海の現地では、英清民間商人による清朝の禁令無視・密輸脱税の横行という史実経過をとって実現したのである。

このように考えれば、一六世紀の大航海時代という世界史的転換が、シナ海沿海の「倭寇」で進展したのと、さながら同じ構図ではなかろうか。かつて近世・大航海時代のなかで、北京の政権と法制から乖離し「倭寇」を発現させた「華夷同体」構造が、このたびはイギリス・近代の世界経済に応じて、アヘン密輸を招来したのであった。

「華夷同体」の転化

だとすれば、アヘン貿易とその結果としてのアヘン戦争も、いわば「倭寇」「華夷同体」が再現、発展した事象だといっても過言ではない。

契機がまずそうである。事実上のアヘン密輸黙認から一転、林則徐という有能な官僚のアヘン没収と密輸禁圧が、戦争の発端だった。従前の「倭寇」も、それまで密貿易の放置状態だったのが、朱紈《しゅがん》という一徹な官僚が違法取引の弾圧に踏み切ったことで、暴動・戦闘状態に転化している。

相似るのは、情況でもかわらない。一六世紀の「倭寇」に荷担した、というより「倭人」そのものだった「華人」がいたのと同じく、一九世紀のアヘン戦争でも、イギリス側に雇われ荷担する「華人」が少なくなかった。当局はかれらを「漢奸」、裏切り者と罵っている（村上 二〇一三）。「漢奸」というタームも「倭人」の転化だといってよい。いずれも時空を超えて、「華夷同体」構造のなせるわざだからである。

アヘン戦争

明代に大陸が銀を渇望、輸入したので「華夷同体」が生じた。それならこのたびは、大陸社会がかつての銀のように、アヘンを需要したことになる。

そのメカニズムはまだ学問的に解明をみていない。麻薬の密輸という道義的な価値基準をまったく排除するわけにもいかず、密貿易という資料が残りにくい条件と合わせ、客観的な史実を復元するには、きわめて扱いづらい題材だからである。

ひとついえるのは、大陸の社会経済組織では、アヘンが銀と同じ動き方をする、互換可能な品物だったことであろうか。貨幣として流通した銀は退蔵されやすく、なればこそ市場に持続的な供給を要した。このたびのアヘンは、消費者が中毒患者になるので継続的な供給を要する。しかも少量で高価な品物だったため貨幣の代替物として流通したから、銀と外貌はまったく異なっても、性質として多分に共通する。もちろんその量的な規模や内情の詳細は、今後の解明をまたねばならない。

「条約港」

当時のイギリス当局からすれば、イギリス人の身体・財産・権利を保護しなくてはならない一方で、いかに「自由」とはいえ、無秩序に陥る事態は願い下げである。利害にかなうかぎり、清朝の法律もひとまずは、尊重遵守する姿勢を保たねばならない。

だからアヘンの密輸にも、イギリス当局は決していい顔をしていない。アヘン戦争開戦の公式の理由づけは、林則徐のアヘン廃棄などの措置が、イギリス人の身体・財産に対する威嚇・脅威だったことにあった。

それならアヘン戦争を戦い勝利したイギリス側が、以後も恒常的に清朝との貿易を続けるとすれば、その利害にみあう一定の秩序が必要である。かくてできあがったのが、以後のいわゆる「条約体制」だった。英語の Treaty system の訳語である。学界でもしばしば用いてきた。欧米でできた概念をここでも使うのは、用語として適切だからではない。欧米人ないし近代的な観念からはそのように映り、表現しがちだという事実をあえて強調したいからである。

一八四二年に南京条約を結んで以後、イギリスはじめ欧米列強は折にふれて、清朝と条約や協定を締結していった。自らの制度・利害に即した諸規定の合意で、その活動・施設に法的な根拠を与え、規律を加えてゆく方法・「体制」にほかならない。かくて生まれたのが、いわゆる「開港場」ないし「条約港」の社会である。

西洋人からみれば、それは画期的な新局面だったかもしれない。条約という法的規定にもとづいて、恒常的に「自由」な貿易ができるようになった。そこで決まったのは、いずれも今日的な基準・一般的な理解なら、西洋側に有利な、いわゆる「不平等条約」である。代表的な条項は最恵国待遇、また治外法権・領事裁判権、さらには片務的な協定関税もあった。

ともあれ「法の前の平等」「法の支配」というのが西洋の通則、これで市場開放につながり、円滑な通商活動ができる。ほとんどの関係者はそうみた（坂野　一九七三）。そうした西洋人の観念・前提・観察は、どこまで客観的に有効で、また真実だったか。そこもやはり歴史的に考えなくてはならない。

立場がかわると

というのも、条約を結んだ相手・清朝側の当局者は、全くちがったみかたをしていたからである。またそのほうが現実の推移にも即していた。だからこそ列強は、何度も条約を結びなおさなくてはならなかったのである。

たとえば他国の条約規定を均霑《きんてん》する最恵国待遇は、清朝・中華主義の「恩恵」、みなを分け隔てなく処遇する「一視同仁」の発露であって、とかく武力に訴える凶暴な「外夷」をおとなしくさせておく「操縦」手段でもあった。

また治外法権といっても、実務の内実に変化があったわけではない。従前から遠来の「外夷」商人の引率・取締は、外国商館のリーダーに任せていた。西洋人のことは西洋人に任せる慣習をひきついで、規定としただけである。人に対しては領事裁判になろうし、土地なら租界になる。スケールと範囲が広がったにすぎない。

協定関税は条約以前の既定の税率をベースに定めなおしたものである。税率の高下が問題ではなかったし、当時の清朝に保護関税という観念はなかったから、片務協定も係争にはならなかった。

西洋諸国が「自由貿易」に違背して不当だとみたのは、むしろ知らぬ間に徴収されてきた、種々のイレギュラーな手数料であり、くわえて納税にあたる商人しか取引相手が選べない「独占」である。だから清朝側の「独占」商人を廃止し「正規の」税率を定めればよく、そこは清朝側にも異存はない。懸念は財政上必要な関税収入を確保できるかどうかだけであった。

商慣行も同じである。アヘンもふくむ従前のいわゆる密輸は、禁制ではなくなった。とはいえ、すでに事実上「自由」だったのだから、現実の取引は以前とほぼ同じである。資本に富む少数の外国商社が前面に出て、多数の零細な華人商人と貿易および関連業務をおこなった。

後者はもはや「倭人」でもなく「漢奸」でもない。代わって「買辦《ばいべん》」ということばが定着した。外国商社の雇用・資金を受けて、委託業務を切り盛りした職種の人々である。その「買辦」の字面には裏切り者的なニュアンスがあり、これもやはり「倭人」「漢奸」から継続して変わらない。

「延長」

禁制密輸でないなら、取引に当局の管理が及び、関税もかかるのは当然で、商業秩序を維持したいイギリス当局もそう望んだ。そうした管理・徴税の遂行は、清朝当局の任務である。ところが、そもそも清朝の「互市」では、政府当局の力量はすこぶる小さい。貿易にあたる商人に納税を委ねなくては徴税できず、またその数を限らねば把握監督もできないために、西洋諸国の嫌う「独占」が必然的に生じた。その「独占」が条約で禁ぜられては、清朝当局に徴税を実現するすべはない。結果的に密輸脱税が横行し、けっきょく外国人の税関吏に委任し、西洋式の手続きで外国商社から関税を徴税することになった（岡本　一九九九）。

また港湾の治安についても、外国籍の船舶が犯す違法犯罪や海賊行為には、清朝の乏しく弱体な水軍では、取締が行きとどかない。そのため西洋諸国の砲艦が「条約港」に駐留停泊を続けることで、抑止力の機能をもたせた。

従前の「互市」にそなわった清朝・「中華」の施設・機関で手の回りかねた部分は、このように「外夷」・西洋側が補っている（村上　二〇一三・二〇二四）。いよいよ「華夷同体」というにふさわしい。

けっきょく条約の前と後で、何がどこまで変わったのか。以上によるなら、条約の規定にせよ、実地の活動にせよ、基本的な枠組みは、条約以前の「ファクトリー（外国商館）の延長」（坂野　一九七三：一八四）にほかならない。

それなら「条約港」の社会経済は、スケールこそ異なれども、従前の「互市」と同一、ないしその継続である。だから実際に漢語では、ひきつづき「互市」と称したし、また「通商」ともいいかえた。それはさかのぼれば、明代の「倭寇」＝「華夷同体」に起源し、一九世紀の清朝では「夷務」と称したものである。

そんな「夷務」のあげく勃発したアヘン戦争は、「倭寇」さながら「寇」に転化したものの、平時は「互市」「通商」であった。「寇」と「商」は外的な現象が異なっても、実体・本質は同じである。西洋人は「夷」と呼ばれるのを嫌ったので、「洋務」といいかえた。やはり内実・本質はかわらない。

2　「洋務」の展開

移民と内憂外患

従前の「互市」の慣例を「延長」して法律化したのが、西洋製の条約規定であり、それをテコに施設・組織・範囲を拡大していったのが「条約港」という空間だった。それなら一九世紀・近代の条約ないし「条約港」は、かつての「倭寇」＝「互市」＝「華夷同体」構造の拡充整備、ないし法制化ととらえることも可能であろう。

そのように考えれば、以上が該当するのは、大陸のシナ海沿海・「条約港」ばかりとは限らない。外国の法制・施政のもとで、「華人」と「外夷」が一体になって社会を形成するのは、「外夷」が「華」地に来るばかりではなく、「華人」が海外に出て居留しても同じである。

かつて一六世紀は「倭寇」の巨魁・王直、平戸がそうだった。このたびは名もなき華僑、南北アメリカもふくむ世界中である。日本にも中華街があるのは周知のとおり、誘拐に見まがう人身売買もふくめ、「華人の貿易ネットワーク」のたまものでもあって、これも近世にシナ海を範囲とした「倭寇的状況」と、近代にグローバル化した世界システムとの異同だといってよい。

海外ばかりではなかった。移民というなら大陸内部でこそ盛んである。それも一八世紀から活潑に赴いた。世界経済の発展で、それが加速した側面もある。人口爆発の影響も大きかったから、「互市」＝「華夷同体」が深く関わっていた。

たとえば、かつてのいわゆる「満洲」の地、中国東北はその典型であろう。そこはそもそも清朝を建設した満洲人の住地、一七世紀は人口希薄な森林地帯だった。ところが一八世紀以来、人口爆発の影響で漢人の移住入植がすすみ、かつての森林地帯は、一九世紀の終わりには、人々ひしめく大豆の一大産地と化していた。

もちろん移住には、軋轢・紛争がつきもの、そもそも貿易だって、移民の一形態ともいえる。いわゆる中国近代史とは、内憂外患の時代、外国との戦争も内地の騒乱も、その意味で根源は一つであろうか。

アヘン戦争の前後に大陸で起こったのは、白蓮教徒の乱と太平天国の乱、いずれも移民を中核とした反乱軍である。とりわけ後者は「条約港」伝来のキリスト教の影響を受けた新興宗教の武装教団の起こしたものであって、だとすれば内地であっても、沿海でかつて「倭寇」を発現させた「華夷同体」を体現する存在だったといえるかもしれない。

やはり根は一つ、内外にわたる「華夷同体」の拡大を政権当局がもはや制御できなくなってきたところに病因が存する。内憂外患はその症状としてあらわれたものだった。

李鴻章と「洋務」

それなら内憂外患を収めるには、こうした病因を把握し、症状に応じた治療が施せなくてはならない。「華夷同体」の構造を理解し、事態に対処し、人物を処遇できる才覚・器量が必要である。当時その第一人者が李鴻章だった（岡本 二〇一一）。

かれはちょうど不惑の年の一八六二年、太平天国の乱を「条約港」上海で迎撃したのを皮切りに、まさしく内憂外患のただ中で、秩序の回復につとめた人物である。太平天国はじめ、猖獗をきわめた数々の反乱を平定したばかりではない。善後の治安維持につとめるとともに、勢力を扶植した上海や長く駐在した天津をはじめ、主要な「条約港」を掌握し、列強との外交交渉・経済活動でも不可欠の存在でありつづけた。

李鴻章はかくて「条約港」に往来居住する外国人・華人を多く召し抱えて、軍事・経済・教育などの西洋化事業をすすめる。かれが主導したそうした事業を「洋務」といった。もちろん「夷務」の転化であるから、もとをたどれば「華夷同体」に由来する概念である。しかし貿易を主として指した前代の「華夷同体」「倭寇的状況」「夷務」よりも、その範囲はいっそう拡大した。

李鴻章

いわゆる「洋務」事業とは、もちろん貿易・外交の活動を指すのに加え、いっそうポピュラーなのは、むしろそこから派生した軍事・民需の近代工業・産業、あるいは語学・留学などの教育事業などである。近代的な工場・企業・学校の創設や運営の事業を、当時「洋務」と称したことも多い。

主要な舞台が「条約港」だったのはいうまでもないし、そこでの主役は外国人、および外国と関わる華人たちだった。それなら、かつての「倭寇」「互市」の「華夷同体」

構造は、何ほども変わっていない。しかし「倭寇」からおよそ三百年、西洋近代との交わりを経ることで、その表面上の相貌はおよそ一変したのである。

同時代の日本史的な用語でいえば「文明開化」「殖産興業」、西洋史的な用語でいえば「近代化」「工業化」にあたるのかもしれない。これならいかにもポジティヴな響きである。

しかし「洋務」は、そんなにおめでたくない。東洋史学の展開からいえば、「洋務」はやはり「倭寇」以来の論理でみるべきではないだろうか。さもなくば、当時の事業や人材をめぐる通念や機運、ないし評価を感知できないからである。

明治日本・森有礼からみると

恰好のエピソードがある。一八七六年のはじめ、李鴻章は日本の特命全権公使として北京駐在を命ぜられた森有礼と会談した。主題は日本と朝鮮王朝との条約交渉ながら、注目したいのは、直接に関係のない、以下の挨拶的なやりとりである。

李「おいくつになられました」
森「ちょうど数えで三十になります」
李「西洋には行かれたことがありますか」
森「幼時から海外に出ました。イギリスの学校に三年おりまして、地球を二周したことになります。ワシントンにも三年間ほど使節として、いたことがあります。……」
李「中国の学問と西洋の学問をどう思われますか」
森「西洋の学問はすべて役に立ちますが、中国の学問は三割しか有用ではなく、残り七割は古くなって、役に立たなくなっております」
李「日本の西洋の学問はその七割をカバーしているのでしょうか」
森「五割もとりいれてはおりません」
李「日本は衣冠すら変わったのに、五割もないとおっしゃるのですか」
……
森「わが国は上下ともに学問を好みますが、既成の技術を習得するだけで、西洋のようにオリジナルな理論を案出する者は一人もおりません」
李「そのうち出てくるでしょう」
森「アメリカにおりましたとき、貴国の容閎《ようこう》と曾蘭生《そうらんせい》というお二人と知り合いました。よくおできになる方々です」
李「容閎はいま駐米公使になっております」
森「それはたいへんけっこうです」
李「曾蘭生は天津によびもどして委員にしております。年明けに天津へもどられる際にはお訪ねになるとよいでしょう」

森「アメリカでたくさんの中国の児童に会いましたが、みなとても聡明です」
李「外国に留学させた者たちですが、なかなか意欲的に勉強していると聞いています」
森「あの子たちが大きくなって学業を成就し、将来外国のことをとりあつかうようになれば、非常にいいことだと思います」（村田　二〇一〇）

すでによく知られたとおり、森有礼は洋行帰り、洋学・留学全面肯定派であった。そんなかれが、父親ほども年の離れた李鴻章に挨拶する文脈で、米国在住の華人二人と留学生の子弟たちを、敬意をこめて賞賛したのは、当然である。

ただ引用したのは、李鴻章が北京政府に上《たてまつ》った報告書の拙訳であって、会談を記した日本側の日本語の記録には、書き留めるまでもないとみたのか、二人の名前は出ていない。李鴻章じしんが森に話を合わせて、ことさら名前をあげ、中央に紹介を試みたわけで、そこに着眼すべきだろう。

この二人は森と同じく、早くに渡米して教育を受けた人物だった。容閎はとりわけ著名で、名門イェール大学を卒業、アメリカ市民にもなっている。曾蘭生もハミルトン・カレッジの卒業生で、久しくアメリカに在住しており、少年のアメリカ留学、いわゆる「留美幼童」事業を容閎と推進した。ともに生まれはシナ海沿岸ながら、ほぼ米国育ち、森からすれば、明日の清朝を担う有為な人材に見えたのも、無理はない。

当時の日本では洋学摂取や留学事業は、一も二もなく推進すべき、いわば国策である。留学帰りは国家を担うエリート人材になって、当然だった。森は実際、李鴻章にそう述べており、留学生のくだり、日本側の記録には、「現ニ米国ニテ教育ヲ受ル少年輩ハ、成長ノ後、果シテ目今、閣下ノ有セラルル如キ権力ヲ握リ、顕官ニ昇ルノ人トナルベシ」とある（村田 二〇一〇）。明治日本なら、そうあらねばならない。

ところが上の引用に見たとおり、清朝側の記録には該当箇所を「閣下ノ有セラルル如キ権力ヲ握リ、顕官ニ昇ル」のではなく、「外国のことをとりあつかう」としているのである。ずいぶん後者のトーンが低いのは、それが清朝の通念だったからで、こうした文言の齟齬に、列島の「開化」と大陸の「洋務」の隔たりがかいまみえるといってよい。

「洋務」の群像

まず容閎と曾蘭生である。かれらは正統儒教の教学・道徳を修めず、官界の公式な経歴を履まないばかりか、「中華」に暮らさずなじまず、「外夷」の学問生活に染まって、「夷務」「洋務」にしか使えない、それしきの人材でしかなかった。当時の大陸・清朝の政界では、以上が大方のみかたであろう。実際に容閎などは「買辦」扱いされており、往年の「華夷同体」の再来といってもよい。

李鴻章がこの会談記録を政府に送ったのは、むしろそんな風潮に異議申し立てする意味も込めていた。もとより一般の人心・感情には、いっそう軽蔑を増す逆効果でしかなかったかもしれない。それでも「外夷」の操縦には有用な人材という認知は得たはずで、なればこそ容閎は「駐米公使にな」りえた。

この二人は外交や留学という「洋務」で、たまたま世に出る機会をえた海外居住の人材である。しかし組織的な派遣留学生も、条件・処遇はほとんど変わらない。かれらが帰国後に「顕官ニ昇ルノ人トナル」ことはおよそ想定外であって、せいぜい「外国のことをとりあつかう」ばかりというのが、政権・体制のコンセンサスであり、李鴻章も報告書にはそう書かなくてはならなかった。

大陸内地にも別の分野でも、同種の人材はおびただしい。あらためて「条約港」の経済分野の「洋務」に一瞥を加えておこう。

李鴻章の肝いりで一八七〇年代前半、上海で初の汽船会社・輪船招商局が創業した。いわゆる「洋務」企業の代表例といえる。この企業を発足させ、とりしきったのは、唐廷枢《とうていすう》・徐潤《じょじゅん》・盛宣懐《せいせんかい》・朱其昂《しゅきこう》という人々だった。

このうち盛宣懐は、科挙に合格できず正規の官途につけなかったため、李鴻章の配下で「洋務」を担当した官僚である。ほか三人はもと「条約港」の商人だった。唐廷枢と徐潤はイギリス商社の「買辦」である。朱其昂も外国商社と提携業務をすすめた経験があった。それならやはり海外と通じた「華夷同体」分子といえる。

こうした類型の人々には、しばしば厳しい声があがった。たとえば「名利」に貪欲だという非難・誹謗である。かれらはたしかに「洋務」事業で地位を獲、巨万の財富を築いていた。儒教の道徳目線なら、「何ぞ必ずしも利を曰わん」と経書の『孟子』にもあるように、功利主義は背徳にほかならない。もとより財富に対する嫉視も、濃厚にあったはずである。けれども儒教より西洋企業に近い人々に、経典の教義が通用するわけはないし、また科挙合格に無縁な人士も、モラル・規範は必ずしも同じではなかった。

小康のしくみ

そんな機微を最もよくわきまえていたのは、おそらく上司の李鴻章だったろう。私利私欲に走りがちな彼らの行動に対し、あまり厳しい叱責を加えず、なるべくまるく収めようとつとめた。「名利」でなくては「俊傑を鼓舞できぬ」と知っていたからである。多種多様な人士を遣いこなし、実務的な手腕を振るわせ、目前に必要な事業を興すには、一定不易のイデオロギー・モラルで縛るわけにはいかない。ひるがえって官界が、そんな李鴻章の言動をどうみていたかも、やはり推して知るべきであろう。

ともかく李鴻章はこのように、大陸の内情・海外の情勢を知悉した大官として、「洋務」の事業を統轄し、有用な人材を抜擢し、現地の利害を調整し、政権当局との関係を円滑にした。それならかれは、あたかも二百年前、「倭寇」の顕在化以来、制御を失っていた「華夷同体」

を安定に導いた清朝そのものの役割を髣髴させる。清朝が健在だった一八世紀と同様、李鴻章が内外に重きをなした間、大陸の情勢は小康を保っていた。

往年の「倭寇」「互市」同様、内外・華夷の隔たりは、当時もやはり大きい。先に明朝が「倭人」を統御できずに「倭寇」を生じせしめたように、後に清朝が「互市」を統御しきれずにアヘン戦争をひきおこし、しかも戦後も依然として「夷務」を軽んじた。「洋務」になっても、それは変わらない。

「条約港」で「洋務」に関わったおびただしい人士は、実務・財力に長じていても、儒教を修めた正規の官僚ないし正統派の知識人エリートと肩を並べられなかったばかりか、その嫉視・猜疑を受けつづけた。互いのコンプレックスもかねて根深い。

政府の高官として「洋務」事業を担った李鴻章も、同じである。いかに実力・権勢があっても、清朝政権中枢ではあくまで二流・「濁流」の官僚にすぎなかった。「中華」観念を奉じる体制エリート・「清流」は、儒教の教義をとなえて、かれに対する批判・軽蔑を隠していない。

そんな李鴻章も、かつては儒教を修得し科挙に合格し、宮廷の天子のお膝元で将来の文臣を大いに嘱望された若手エリートだった。ところが運命のいたずらか、地方を転々とし内乱を戦って辛酸を嘗め、「洋務」にあたる立場にも置かれ、身を以て「華夷同体」の内情を知らざるをえなくなる。

こうした履歴を経てきた李鴻章なればこそ、批判を浴びながらも「名利」で「条約港」の人士に満足を与えて、「華夷同体」構造を安定に導くと同時に、自ら政府の顕官・権臣でありつづけて、清朝中枢と「華夷同体」との関係を円滑に保ちえた。「洋務」における小康は、かれの存在なくしては、およそありえない局面だったとすれば、やがて喪失してゆくのも、やはり避けられない宿命ではある。

3 世紀末にあたって

日清戦争の位置

沿海社会の「洋務」と北京政権の体制との乖離・矛盾・軋轢は、このように一貫して伏在し続けていた。それでも李鴻章の地位・権限・勢威が安定し、内外の情況が落ち着いているかぎり、こうした隔絶・摩擦は、さしあたって顕在化しない。一八八〇年代までは、そうだった。

一八八〇年代は英露のいわゆるグレートゲームが激化して、国際情勢が不穏に赴き、東アジアの近隣でも、紛争や戦火が起こった時期である。それでも清朝の政権・体制をゆるがすような事態には至らなかった。朝鮮半島で壬午変乱や甲申政変などの武力衝突事件、さらには同じ時期、ベトナム方面でフランスとの間に戦争と呼ぶ事件が継起しても、なおそうだったのは、内外の事情に通じ、人脈も豊富で、実績もあげてきた李鴻章のプレゼンスのたまものである。

しかしさしも頑健聡明だった李鴻章も、古希を越えれば壮年・初老のようにはいかない。かれが老衰するのと比例するかのように、周囲の情勢は厳しさを増す。あらゆる破綻・破局を未然に防いできた持ち前の鋭敏・周到な洞察・措置が、絶対的相対的に鈍くなりゆくのも避けがたかった。

そのあげくが一八九四年、日清戦争の勃発である。李鴻章にとっては、不本意な戦争だった。自ら最も望んでいなかった事態であり、その破局を避けるために、海軍建設など「洋務」事業をすすめてきたはずである。

そんな戦争を自身の手で遂行せざるをえない。誤算の連続だった。日本の政情に対する見通しの誤り、自国の政界に対する根回しの不足、戦場の戦略戦術で犯した失策などが重なって、大敗を喫する。本書の論法で言い換えれば、これまで保ってきた「華夷同体」のバランスが、明治日本において喪失した。

李鴻章は清朝政府のなかでも、明治日本に最も警戒を怠らない一人ではあった。その「開化」事業の進展に当初から瞠目しており、それだけに清朝の対外秩序維持に逆行する日本の動きをことごとく阻止しようとした。その試みが北洋海軍の建設をはじめとする、かれの推進した「洋務」事業の多くを占める。

しかし「鎖国」をへた日本は、もはやかつての「倭人」「倭寇」ではなかった。「華人の貿易ネットワーク」から離脱して百年以上、「開国」日本の船出は、つとに西洋各国とむすびついたシナ海沿海の「華夷同体」とは、ほとんど無縁だったのである。「文明開化」・西洋化に猛進する明治日本が、シナ海域で活動して目的を果たすには、その「華夷同体」ないし「華人の貿易ネットワーク」とあらためて対峙、対抗しなくてはならなかった。

それは必然的に李鴻章や「条約港」の華人、ひいては清朝全体との疎遠、ひいては対立を意味した。おそらく清朝内で最も日本に関する情報を集めていた李鴻章でも、西洋諸国ほどに日本の内情を知っていたわけではない。

かたや日本の側は、いっそう理解は浅薄である。およそ大陸・東アジアの秩序維持のしくみを慮る余裕はなかった。貿易や経済、あるいは外交ですら、自らの目的を追求し路線を推進するので精一杯、ことあるごとに紛糾を重ね、けっきょく妥協の余地は見いだせず、軍事力に頼りがちになる。それが明治期の日清関係の軌跡であって、そのあげくが日清戦争だった。東アジアと大陸の「華夷同体」は、新たな局面に転じる。

均衡の喪失と李鴻章

すでに見てきたとおり、清朝の政治体制と沿海の「華夷同体」は、李鴻章とその人的関係の存在によって、何とかバランス・両立を保っていた。かれが日清戦争に敗れて勢威・地位を失うことで、そのバランスは消失する。「華夷同体」をめぐる内外均衡は、大きく外に傾いた。まず李鴻章その人である。

かれは下関条約の批准交換ののち、一八九五年八月二八日、北洋大臣・直隷総督を解任された。しかし七十三歳のかれは、なお善後策に奔走する。著名な三国干渉の結果、遼東半島還付条約にも調印しているし、翌年二月にはロシア政府の要望で、皇帝ニコライ二世の戴冠式に参列するために出国、欧米を歴訪した。天津に帰ってきたのは一〇月三日、まさに地球一周、半年以上の旅である。

そのロシア滞在中、李鴻章は蔵相ウィッテと交渉して、日本を仮想敵国とし、朝鮮半島をも範囲に含めた攻守同盟密約を結んだ。ロシアのシベリア鉄道が東三省を通過するのを認める条項があって、中東鉄路の敷設を導いたものである。その中東鉄路はまもなくハルピンから軍港の旅順にまで、支線が南下延伸した。このうち長春・旅順間が日露戦争の結果、日本の南満洲鉄道、いわゆる満鉄となったのは、周知のとおりだろう。

つまりこの密約はロシアの勢力を東三省に引き入れ、日露戦争の原因となり、さらに日本を「帝国」化させて、満洲事変を導き、ひいては日中戦争をひきおこす原因となった。そのため李鴻章は、「洋務」事業を破綻させ戦争に敗れたばかりか、帝国主義の侵略を招いたとして、同時代だけではなく後世からも指弾を受けている。李鴻章一人に非難を浴びせ、責任を負わせる歴史書も少なくない。

当時の声を拾えば、そうならざるをえないし、さらにいえば、それが中国流の紀伝体的な歴史叙述の筆法でもある。しかしそこはやはり、もっと客観的構造的に歴史事象を見なくてはなるまい。

日本とロシアの企図・武力を正確に見通せなかったのは、たしかに李鴻章の限界ともいえよう。しかしその点、ほかの要路にかれほどの洞察があっただろうか。当時に日本と対抗し、ロシアと提携する以外に、有力な選択肢があったか。結果責任を負わせるのはたやすい。けれども大局的・客観的にみるなら、異なる解釈も可能である。そのほうが歴史の理解としても、おそらくは正しい。

いっそう俯瞰的に論ずれば、李鴻章のロシア傾倒は、大陸の政治・社会が大きく外に傾いてゆく趨勢を、いわば身を以て示したものでもある。それまで沿海・海外の「洋務」＝「華夷同体」は、かれ個人の関わる範囲にとどまっていた。しかし以後の中国史は、経済・社会・政治・文化すべてにおいて、それを抜きにしては語れない。さらに視野をひろげてみよう。

「瓜分」という「華夷同体」

たとえば、日露の関わった東三省である。そこは一八世紀以来、すでに述べたとおり、一面の大豆畑に変貌している。大豆は搾油もでき肥料にもなる商品作物であり、日清戦争以後になると、ロシア・日本の勢力が入って、化学工業を発展させつつある列強の政治・経済的な権益も加わった。

従来の住民にも新たな外来者にも、ひとしく新たな好機を提供した局面である。内外の移民はいよいよ増加し、東三省で新たな、いわば二〇世紀的な「華夷同体」構造ができあがった。それとともに列強への傾斜も、とみに大きくならざるをえない。それを通例の歴史用語で「利権」という。

そんな東三省は、確かに突出した地域ではあった。しかしながら極端な典型ともいうべきで、外国と関わったほかの沿海地域も、程度の差こそあれ、本質・推移はさして変わらない。「条約港」はもとより、それ以外もふくめ、列強と直結する政治経済関係を急速に深めていった。

まず大きな動きからいえば、政治外交的なとりきめであり、「利権獲得競争」とも称する史実経過にあたる。借款の供与に応じた鉱山や鉄道の経済権益、あるいは「条約港」にある租界の拡大や新たな租借地の獲得など、枚挙に暇がない。

租借地とは一八九八年、ドイツが膠州湾を獲得した形式である。文字どおりには「借りた」土地という意味ながら、リース期間は九十九年、当時の感覚では永久の割譲とほとんどかわらない。ドイツは実際に、膠州湾・青島《チンタオ》をまったく植民地として遇した。同様の租借地は、時を同じくしてロシアが旅順・大連、イギリスが九龍半島などを得ている。いうまでもなく前者は日本の関東州になり、後者は香港植民地の一部となった。いずれも以後、二〇世紀の政治外交の焦点をなす。

どこにせよ住民の大多数は、もとより華人だった。そこに列強の影響力が拡大、浸透する。強力な軍事的のみならず、経済力も圧倒的であれば、生命・財産の保護と生業の確保・拡大を目的に、列強の企業や当局に依存する華人が増えるのも当然だった。あたかも砂鉄が近づけた磁石に引き寄せられるように、政権・当局ないし既存の体制から逸脱する動きが顕著になってきたのである。

列強による政治外交上の「利権」獲得は、華人の社会経済的な対外依存と表裏一体だった。このような各地の「華夷同体」の対外傾斜を以後、中国ナショナリズムの観点から「瓜分《かぶん》」と称する。一体たるべき「瓜」を、外から切り「分」けて食い物にするという、中国分割の譬喩的な意味を有した。「アフリカ分割」を髣髴させるこの概念は以後、久しく漢人の政界に強い影響力をもちつづけ、言葉はちがっても思想・感情だけなら、いまも根強く残存しているかもしれない。

義和団事変の含意

「華夷同体」が外的勢力に傾倒し、内的秩序をないがしろにすれば、内外の軋轢が起こる。それがかつての「倭寇」のメカニズムであり、ついでアヘン戦争でも再現した事象だった。

この時もやはり同じである、既成の秩序・旧来の体制、およびそこに安住し利害を有する立場からすれば、こうした「華夷同体」の動向に反撥するのは、当然だった。自らのコミュニティや集団・利害関係に帰属していた、ないしすべき人々が、雪崩を打って列強、あるいは外国に関わる組織の側に転じたからである。朝野を問わない。そうした反撥の感情・姿勢が、排外の思想・運動に転化して顕在化した。

かくて東アジアの一九世紀と二〇世紀を分かつ義和団事変が勃発した。義和団という結社が一九〇〇年にひきおこした反キリスト教・排外運動から発展した一大事変であり、「戦争」と呼ばれることもある。

反キリスト教の運動はつとに「条約港」の創設当初から起こっていた。条約はキリスト教布教を認めたから、宣教師は各地に教会を建て活動をすすめ、入信する華人も出てくる。かれらは既存のコミュニティを離れ、西洋の信仰生活に帰属した。既存の地域社会にとってみれば、理念・慣習の異なる組織を近隣に抱えこんだばかりか、自らに属すべき成員を奪われるにひとしい。反感を覚えて不思議ではないし、それが昂じて、しばしばキリスト教の教会や信徒に対する暴動・襲撃にも及んだ。

こうした事件は、もちろん条約に違反する。捨て置けば、武力に勝る列強の干渉や報復が避けられない。しかし既存の地域社会にこそ、政権の支持基盤がある。その意向にまったく背くわけにはいかない。所轄の当局はいわば板挟みに遭って、ことあるごとに苦慮した。こじれて深刻な外交問題となり、戦争寸前にまで局面が悪化したこともある。そうした情勢は半世紀、断続的につづいて根本的な解決には至らなかった。

そしてこの「瓜分」の局面で、反キリスト教運動・排外運動を推し進めたのが、義和団だった。義和団はもともと山東省の新興宗教教団で、本来なら政府当局から秘密結社・地下組織として検挙・弾圧の対象となるべき非合法的な結社である。ところがキリスト教の排斥を前面に打ち出したために、このとき列強に反感を強めていた地元当局の支持を得て、大規模な排外運動に発展した。そして北京周辺にまで拡がったあげく、清朝中央政府が義和団と結んで、列強に宣戦布告するに至る。

今度はほんとうに戦争になった。いわば体制側の政権と反体制の結社とが結びつき、列強とそれに与する華人、つまり「華夷同体」を自らに敵対する存在とみなして、戦いを挑んだのである。周知のとおり、八ヵ国連合軍の北京占領がその結末だった。

義和団事変で紫禁城を占領した連合軍

もっとも政権・当局のあらゆる機関・成員が、「華夷同体」と争ったわけではない。その代表的な存在が、上でふれた李鴻章の部下、盛宣懐である。依然として「洋務」事業を担当していたかれは、このとき南方で、列強と各省当局との連携を模索して、内外の平和共存を実現させた。これを「東南互保」という。南方に限った「華夷同体」の外交的な表現といってよい。そして北方の戦争を収める講和交渉の全権に、老齢ながらなお存命だった李鴻章が自らあたったのも、それまでの「華夷同体」「洋務」の系譜に鑑みれば、おそらく偶然とはいえないだろう。

第4章　革命とは「倭寇」？

1　変法

見取り図

このように跡づけてくると、義和団事変の経過・顛末から、全体的な構図とその動態が見て取れる。見取り図が書けそうで、そこから以後の方向も測れるといってもよい。

「洋務」に関わったか否かで、「華夷同体」に対する好悪・是非が政権内部にあったのと同じく、民間社会も外国の集団・組織と関わりがあったかどうかで、やはり「華夷同体」に対する親疎・認否があった。大別すれば、官・民×中・外で、四分しうる位相が存在する（一二六―一二七頁参照）。

関係した各々の集団・勢力は、この四象限のどこに位置し、またどのように離合集散したのか。二〇世紀以降の中国史で顕著になり、また歴史事象を動かしたのは、そうした構図の推移・振幅だったといえよう。

一六世紀の「倭寇」当時も、そうした構図は存在していたかもしれない。しかし史料的な制約から、そのありようを具体的にトレースするのは不可能である。

一九世紀後半の「洋務」では、李鴻章とその勢力の存在があった。それでもやはり、このような画分や離合、あるいは政権との矛盾や順逆の動態は、一概にはみえづらい。李鴻章的な「洋務」が「中体西用」と呼ばれるなど、四象限のすべてに目配りしつつ跨がり、往々にして対立する局面を覆っていたからである。

しかし世紀末の日清戦争・義和団以降、その外被がはずれて、列強勢力の増大と大陸社会の分化が進展したことで、「華夷同体」に内在していた、政権に対する順逆の両面がとみに顕在化した。「倭寇」のような動乱も、そのために再発継起するのであり、その筋道が二〇世紀中国史の見取り図とできるかもしれない。

そこで浮かび上がってくる歴史事象が、まずは後述する「変法」であり、ついでいまもつづく「革命」である。いわゆる「中国近代史」では、いずれも人口に膾炙した基本的な術語・時代範疇にほかならない。

義和団事変はちょうど「変法」と「革命」の間に位置する。官・民のそれぞれ極端に振れ切った同士が結託して、排外・戦争の断行に及んだケースだった。

従前の歴史叙述では、「洋務」→「変法」→「革命」という系列、もっといえば発展段階の経路だとみなしてきた。つまり物質的・技術的な西洋化の「洋務」から発展して、制度・体制におよぶ西洋化をめざす「変法」、そして伝統的な帝制そのものを脱却して、共和国建設を期した「革命」にいたるというわけである。

以上はそれなりに説得力のある定式ながら、やはり政治思想の文脈にもとづいており、社会

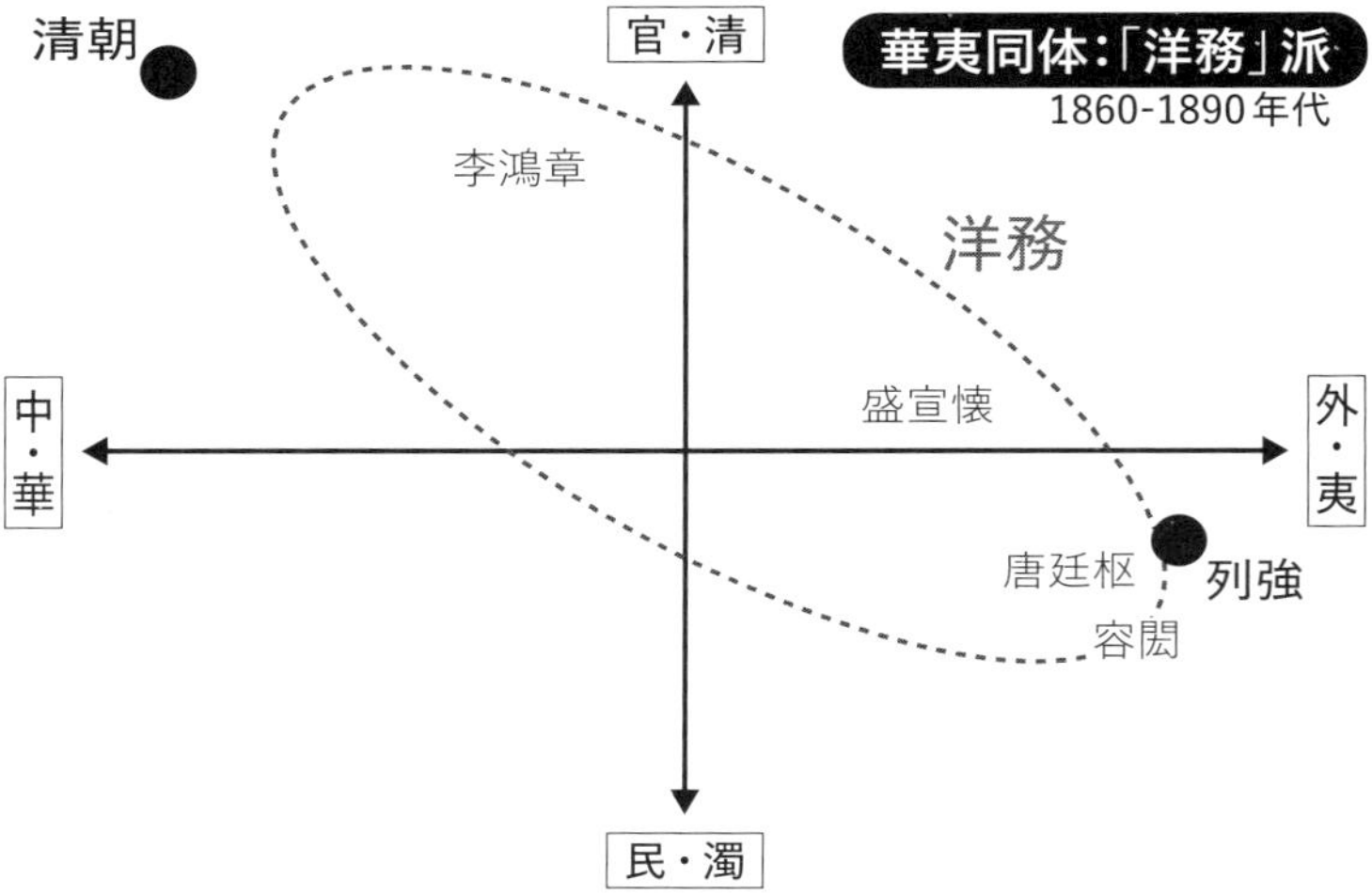
清朝
官・清
華夷同体：「洋務」派
1860-1890年代
李鴻章
洋務
中・華
盛宣懐
外・夷
唐廷枢
列強
容閎
民・濁

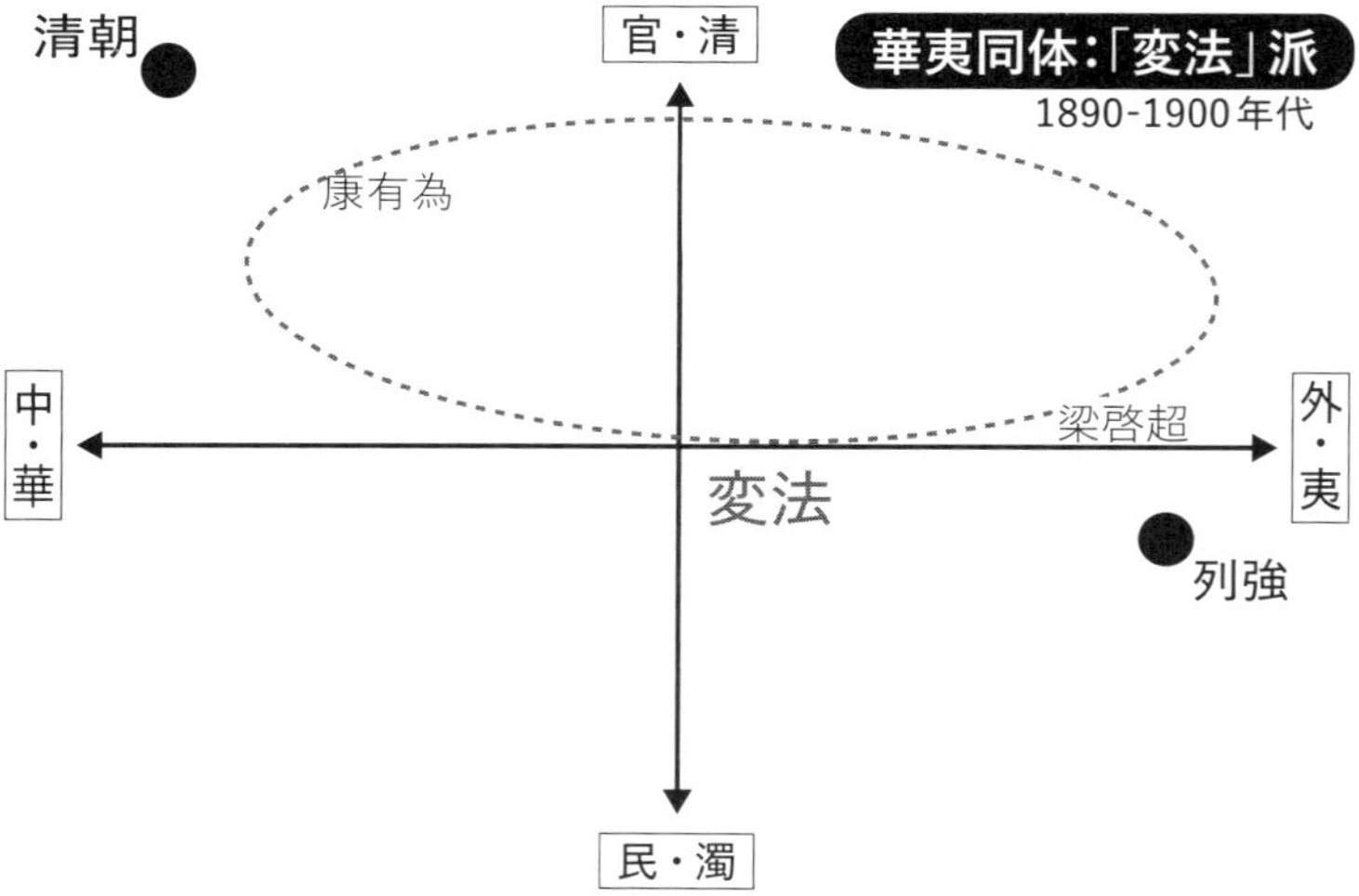
清朝
官・清
華夷同体：「変法」派
1890-1900年代
康有為
中・華
梁啓超
外・夷
変法
列強
民・濁

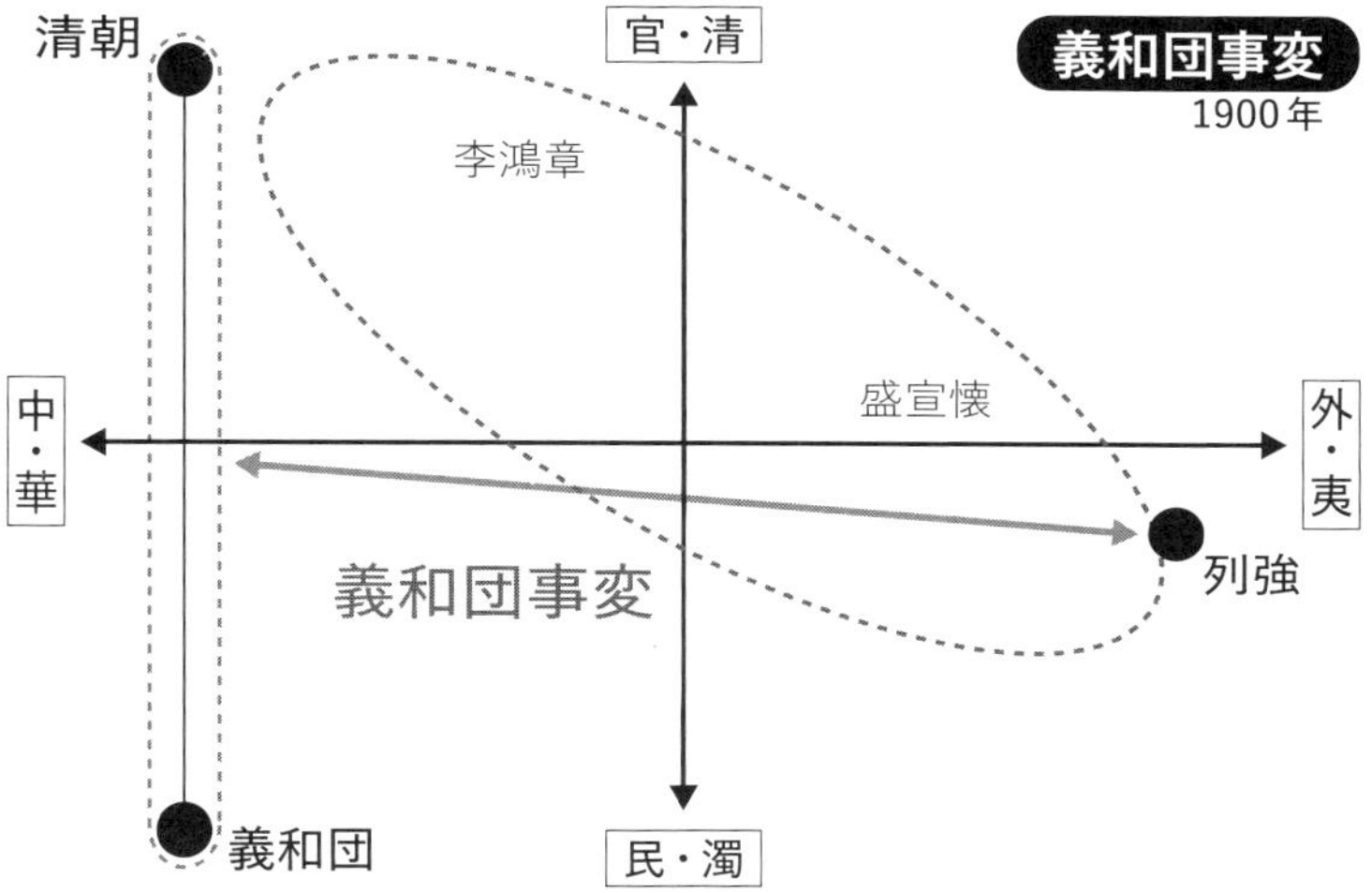
義和団事変
1900年
官・清
民・濁
中・華
外・夷
清朝
義和団
李鴻章
盛宣懐
列強
義和団事変

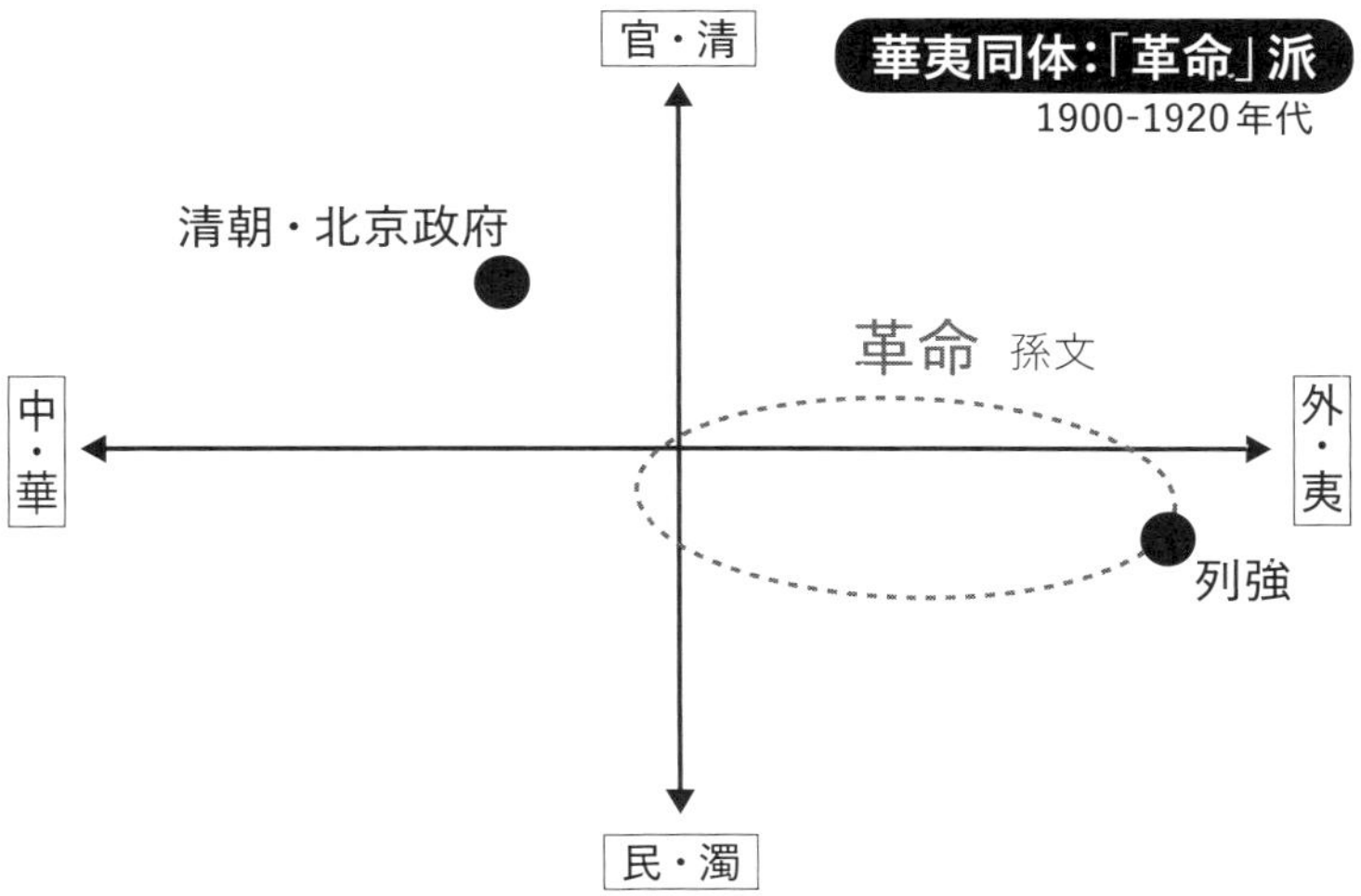
華夷同体:「革命」派
1900-1920年代
官・清
民・濁
中・華
外・夷
清朝・北京政府
革命 孫文
列強

経済が必ずしも視野に入っていないから、すべてを説明することは難しい。わかりやすいように術語は踏襲しつつ叙述をすすめながら、社会構造と歴史全体の動向を考えるには、あらためてみなおすべき点もある。

みなおすには、ふたたび日清戦争までさかのぼったほうがよい。そのさい見取り図の四象限とあわせみれば便利だろう。

変法の位置づけ

李鴻章の「洋務」事業がそれまで、「華夷同体」にまつわる矛盾・分断を緩和、抑制する役割をになっていたとすれば、実に日清戦争の時から、それは破綻していた。さもなくば、あのような開戦・敗戦はありえない。

このとき政府内でも主戦派・避戦派、つまり対外的な順逆・硬軟に分岐したし、民間も内外はもとより、政府に対する向背も一様ならず、錯綜を深めていた。つまり当時すでに上述した四象限の隔たりが顕在化しつつ、相互の流動性が高まり、その振幅が大きくなりつつあったわけである。五年後の義和団事変は、そのいきついた結末だったとみてもよい。

そうした動向のなかから、日清戦争中に浮かび上がってくるのが、「変法」の機運であった。日本に対する劣勢・敗戦は当時から、やはり大きな衝撃であって、現状の変革を訴える声が次第に高まってくる。

その立場から、改めるべき現状を象徴し、いわば攻撃の標的にされたのが、「洋務」とその立役者・李鴻章だった。かれ本人が改革をすすめ革新を志したという実情とは、ひとまず関わりなく、そのような認識・非難を受けたことは、厳然たる事実である。

ともかく従前の「洋務」事業では、手ぬるいという指弾だった。単に技術や産業ばかりではなく、体制そのものをも変革せよ、というのが「変法」の主張である。これもいわば「華夷同体」をめぐる隔絶の顕在化だった。

そもそも従前の儒教に対する通念では、『論語』にもいうように「述べて作らず」が基本である。古来ながく伝わったものがベストなので、それを祖述するのが正しい。後人が賢しらにみだりに改めるのは、むしろタブーである。孔子もそうした態度で、古の聖王の作った制度を受け継いだとみなされてきた。

とりわけ一七世紀以降、清代の漢人世界は、考証学の時代である。古典の尊重と研究が世上の風潮で、尚古思想・守旧観念がいやましていたから、従前のありようを変革する「変法」とは、罪悪にひとしかった。中国史上の名だたる改革、たとえば古代、商鞅《しょうおう》の「変法」にしても、宋代の王安石《おうあんせき》の「新法」にしても、まぎれもなくそうした悪評の対象である。この点、何かにつけ改革ばかり口にする現代日本とは、まったく正反対であって理解しづらいかもしれない。

李鴻章はわきまえている。そうした時代思潮になるべく抵触しないような「洋務」につとめていた。

ところが日清戦争の敗戦を承け、そのような伝統尊重では、もはや通用しないと痛感したばかりか、あえて変革を主張し実行に移そうとした知識人があらわれる。そこからあらためて事態の推移をたどってみたい。

康有為という「華夷同体」

清代考証学の発展は、当時どうやら臨界までいきついていた。儒教古典の尊重にはじまって、そのオリジナルをさぐろうとした研究は、調べ尽くしたすえ、従前の観念そのものに懐疑を向ける。孔子の手がけた儒教の始原は、通説にいう祖述ではなく、むしろ創始改革だとみなす学説が出現した。かくて新たな孔子像よろしく、既成観念・守旧思想にとらわれず、変法・改革を容認する機運も高まってくる。

その代表者ないし逸脱者が、康有為《こうゆうい》だった。広州南海県の出身、現在の広東省仏山市南海区あたりだから、早くから「倭寇」の根拠地で、また西洋の門戸となっていたところでもある。一八五八年に士大夫の家柄に生まれ、たいへんな秀才、基本的な儒教のうえに異端的な陽明学・仏学も修得した。また「条約港」・香港に近隣した地のためか、西欧諸学の訳書も渉猟、上の学説を独自に発展させ、『孔子改制考』『新学偽経考』を著す。

その内容・所説の趣旨はタイトルそのまま、前者は孔子が「制度を改めた」と述べ、後者は前漢と後漢の間、西暦八年から二三年までの短命王朝「新」の時代に「偽作した経典」にもとづく教学を、後人はずっと信じてきたと主張した。当代儒教の通念・テキストを否定して、現状の変革を肯定し奨励するねらいである。既往の常識からみれば、どうにも穏やかではない。

それでも以上だけなら、まだ儒教内部にとどまる。しかし儒教の復古・矯正を謳いながら、実は外国・西洋にもとづく改変であったなら、どうか。

康有為はくわえて「平等」「民権」「孔子紀年」などをとなえていた。「平等」「民権」は字義どおりだから、前者は儒教の上下・優劣を基本とする人間関係を、後者は清朝君主の主権、ひいては存在を否定する可能性を有する。「孔子紀年」とは現行の元号制度に代えて、西洋のキリスト紀元と同じく孔子の生誕から暦数をカウントする方法であった。孔子の尊崇はともかく、やはり伝統的な王朝体制の象徴を消し去りかねない。いよいよ穏やかではなかった。

いわば「中華」の儒教と西洋「洋夷」の制度・風習との一体化である。それなら「華夷同体」の一類型だといってもよい。

康有為

以上も言論までなら、まだしもである。これを実践に移せばどうなるのか。

康有為はまず講演・報道の活動を通じて、持論自説に対する支持をひろげ、そのうえで政府要路に働きかけを強めた。上にみた「利権獲得競争」が一八九八年に劇化すると、当局も危機感を強め、「変法」の所説に耳を傾ける向きも出てくる。当代の主権者・二十八歳にして気鋭の光緒帝もしかり、最も傾倒した一人だった。やがて康有為は抜擢をうける。同年六月に勅命が下って、いよいよ「変法」が実施の段階に移った。この出来事は、たとえば「百日維新」と呼ばれる。明治維新に倣いながら、文字どおり「百日」で頓挫したからで、明治日本の「文明開化」との差違があらわれているとともに、四半世紀以上にわたった李鴻章の「洋務」のように、長続きしなかった側面にも注目したい。

政変

三ヵ月あまりで「変法」が挫折したのは、もちろん種々の要因が錯綜、複合した結果であろう。そのあたりの経緯には、精細な研究も少なくない。しかしやはり最も重大だったのは、西洋の制度・風習にもとづく「変法」を、実地にどう位置づければよいか、であり、もっと直截にいえば、「洋夷」の導入に対する是非・賛否だった。

個別の改革プランは多岐にわたる。「洋務」での殖産興業や軍隊刷新もひきついでいたものの、眼目は人材養成と行政機構の再編であった。

前者は従来の科挙を改廃して、新しい西洋式の体系的な学校制度を設立する計画である。着手として、北京に京師大学堂を建てた。のちの北京大学である。入学・就職は人生の大事だから、その制度改変も社会の重大案件にならざるをえない。しかも大陸の巨大社会で、千年以上の伝統を有する科挙が関わっていた。そこには積年の利害も骨がらみ、文字どおり一大改革である。

後者は実務が重複したり、存在しない無用のポストを整理廃止する計画で、実現すれば中央・地方の官庁・官職は、かなりの減少を免れない。行政改革は古今東西、既得権の関わるところである。おいそれとすすまないのは、現代日本ばかりではない。

日本に対する敗戦をうけて、現状の改革・変革が必要だとの認識は、おそらく政府当局では多かれ少なかれ、およそ共有していたにちがいない。それを実地にどこまですすめるか。そこはもはや思想・理論・宣伝より、各地の社会の情況・利害・動向が左右する問題だったはずである。

ところがこの時の「変法」は、皇帝の勅命で所かまわず、一律に実施を求めた。あいつぐ命令に、現場では困惑を隠しきれなかった。実行に移せない措置もあって、一種のパニックに陥ったところもあったから、やはり机上の空論が多くを占めたといわざるをえない。

かくて「変法」のプラン断行は、いわば静かなサボタージュに始まり、やがて「変法」の賛否で党派が分かれて、深刻な対立に陥った。それはまもなく変法派のクーデタ計画とその露顕による政変に帰結する。時に一八九八年九月二一日。この年の干支が「戊戌」なので、以上の経過を戊戌の変法・政変という。

当時に対立して争うべきは、本来なら社会的な利害に応じた変革の程度であるはずだった。しかしその実施は、康有為の極端な思想言説や光緒帝の性急な立案指示と不可分だっただけに、政治的イデオロギー的な立場と結びついて、変革か守旧かの択一に転化する。ひいては儒教の姿を借りた制度風習の西洋化、あるいは「華夷同体」の是非を争う構図・経過になってしまった。

しかも政変で敗れた康有為たちを保護し、亡命者として受け容れたのは、日本をはじめとする列強である。そうした「華夷同体」をいよいよ外に引きこむ外国の態度・行動は、朝野の守旧派をいよいよ内向きに、かつ排外に傾けた。内外の分断がますます深まり拡がり、以後の義和団事変に接続していったのであり、その経過と結末はすでにみたとおりである。

世紀交の転換

「変法」と「義和団」を経て、中国は二〇世紀に入った。たとえば両者を配置してみると、前者が第一・二象限にまたがり、後者が第三象限の極にあたる。こうした転換が極端に揺れる振幅をくりかえすのは、二〇世紀中国の特徴だといってよい。

義和団事変で清朝が敗れたことで、ひとり清朝のみならず、古来の「中華」王朝体制そのものの威権が失墜した。しかしそれに代わるものは何か。転換の向かう先こそ問題で、その解を求めて百年以上、彷徨をくりかえしているのが、現代中国の姿なのかもしれない。

何事も第一歩が重要である。一九〇〇年前後のそれは、梁啓超《りょうけいちょう》というジャーナリストがその足跡をしるした。かれはもともと、上述に活躍した康有為の高弟である。師弟二人の以後が対蹠的だった。

師の康有為は政変で亡命した後も、依然として儒教を尊崇しつつキリスト教に擬した孔教を提唱し、また皇帝を戴いた立憲制の模索を続けている。一九二七年に逝去するまで、その姿勢は徹頭徹尾、かわらなかった。その間に中国は清帝が退位し、政体が共和制に変わっている。それでもかれは、孔教の国教化や清帝の復辟を試みた。自分なりの「華夷同体」で一貫していたわけである。

康有為の「華夷同体」は、いわば従前の「中体西用」をつきつめた所産だった。孔子紀年・孔教からわかるように、「西用」＝用いるべき西洋の制度を、すべて「中体」＝根本的な儒教の原理で説明しようとしたからである。これを「附会《こじつけ》」といい、それまで「洋務」も多かれ少なかれ、しばしば取ってきた論法だった。

というよりも、そうせざるをえない。「外夷」として賤しむべき西洋の事物であれば、いったん尊い「中華」を経由しなくては、納得受容できないし、文章で表現するにも、論理として成り立たないからである。つまり「附会」とは、大なり小なり「華夷同体」に避けられない矛盾軋轢を緩和回避する方法だった。

康有為はそれを「体」「用」、「中」「西」の優劣序列なく、表裏一体の域にまで極めたわけである。だから批判も多かった。儒教・孔子を装いながら中身は「洋夷」だ、と非難した康有為評は、おそらく肯綮《こうけい》に当たっている。しかし少なくとも本人の言動からは、故意に装っていたようには見えない。自分でも気づかないほど、「附会」が徹底したともいえる。

かたや弟子の梁啓超は、同じ道を歩まなかった。かれは元来、康有為の思想に傾倒して師事し、その喧伝につとめた人物である。ところが政変で師弟ともに亡命した後、若き弟子は日本の書物を読んで「思想が一変した」（梁啓超 二〇二〇：二八七）。

師弟おなじ日本に滞在して、環境条件は変わらなかったのだから、「一変した」弟子は、やはり師とは違った資質・志向をもっていたわけである。それがやがて、中国そのものを動かすのであった。

梁啓超という「華夷同体」

「一変」とは、いわば師・康有為流の「華夷同体」からの脱却である。「同体」なら「附会」を通じなくとも、もっと全面的に、ストレートにやればよい。二〇世紀に入って以後の梁啓超は、それを日本の明治維新から学んだ。

漢語を駆使する知識人エリートは、古典・典故がなくては文章表現ができない。これは漢語圏であれば、口語会話以外におおむねあてはまる通則である。

しかし日本人の場合、かなり異なっていた。経書・史書あるいは詩文の古典に必ずしもコミットせず、日本語に漢語をあてて運用してきたからである。そして「開国」後・幕末維新の日本人は、そうした和製漢語を外来語の翻訳に用いて、新概念を表現し理解することができた。

この方法を応用すれば、大陸の漢語でも、あえて「附会」を経由する必要はない。漢字漢語を使いながら、古典と骨がらみになった思想・論理から離脱して、直接に西洋の事物を体得することもできる。梁啓超の「一変」はこのように日本を媒介にして、訪れた転換であった。

梁啓超は亡命後、いよいよジャーナリズム・文筆活動に力を入れる。日本の翻訳漢語を積極的にとりいれ、健筆をふるって発信した。いわば従前のような「附会」を要しない文体・論理の漢語を創造したのである。これが絶大な支持を受け、以後の中国人の文章論理の規範となる（狭間 二〇一六）。

かれがそうした語彙概念と文体論理で説いたのは、国民国家の構築だった。まさしく「国民」「国家」という日本語をそのまま用いたので、それが以後、そのまま中国語と化して、政治思想・体制理念の規範となった。梁啓超は従前の「華夷同体」を言語レベルでも更新して、新たな段階に引き上げたともいえる。

梁啓超

もっとも梁啓超はごく短期間、政治に関わったことがあったとはいえ、最後までジャーナリスト、言論人でしかなかった。概念と論理を改め、青写真を描いて指針を示し、広汎な知識人に多大な影響を及ぼしたのは事実である。その限りで軽視するわけにはいかない。けれども自身の抱負を実行する能力・手腕には乏しかった。少なくとも実地の活動で成功したためしは、ほとんどない。

そもそも自身の言論・政見そのものが一定しなかった。上述のように、「附会」を通じた康有為の思想から、直截な国家主義に転身したばかりではない。まもなく自身で提唱した「国民国家」にも、懐疑をいだくにいたった。「定見がなさすぎ」て「彷徨模索し続けた」とは、率直な自己批判の述懐である。

その時々に力を尽くして、目前の課題にとりくんだ結果なのだろうし、それだけ真摯で、かつモノがよく見えていたといってもよい。しかしこれでは、とても実行はおぼつかない。聡明な本人も、「成果が上がらなかった」のは自覚している（岡本　二〇二一d）。歴史を動かすには、違った配役が必要であった。

2　孫文と「革命」

「中華」から「中国」へ

康有為にしても梁啓超にしても、旧来の科挙に応じて合格したエリートである。もちろんその準備として、体制教学の儒教を修得した。その点、まったくほかとかわらない。当初は旧型の知識人だった。

そうではありながら、凡百のエリートと異なったのは、やはり出自に関わっていよう。広州・沿海という海外の門戸に育ち、また変革の時勢に邂逅し、望んで新たな「華夷同体」を体現する存在になった。

もとより師弟二人は、代表者でありリーダーである。大なり小なり同じ類型の人々が、背後におびただしくいた。それを忘れてはならない。かれら個々人が体験した転換は、多かれ少なかれ全体の縮図でもあった。そしてこの師・弟にあいついで生じた転換のリレーで、かつて「倭寇」の母胎にして、なお拡大を続ける「華夷同体」も、また新たな段階に入ってゆく。

一九世紀の半ば、「条約港」成立の時期には、「同体」の世界をめぐっては、なお一八世紀以来の「中華」の秩序・意識が勝っていて、「外夷」たる海外を卑しむ理念・体制は、根強く残っていた。こうした主観理念の厳存と西洋勢力の伸張とは、しばしば齟齬を生じる。摩擦・軋轢が顕在化して、たとえばアヘン戦争になった。中央政権と現地民間の乖離・衝突という構造・推移に着眼すれば、三百年前の「倭寇」の再現ともいえる。

そんな齟齬は調整しなくてはならない。そこで必然的に生じたのが、理念的には「中体西用」などの「附会」であり、実務的には近代化事業の「洋務」である。その定着で、拡大にともない不穏を増した「華夷同体」も、ようやく落ち着きをとりもどした。

それから数十年、「同体」の内部では、西洋近代の社会制度・経済秩序に属する住民たちが、次第に増えてゆく。それにともなって、ともすれば経済社会のみならず政治外交、ひいては体制概念でも、「中華」と西洋の間で摩擦が劇化する局面も生じた。「附会」「洋務」という齟齬・摩擦の調整は、決して揺るぎない安定をもたらしたわけではない。そのあげくが、日清戦争とその敗戦である。

ちなみに中国語圏では、日清戦争を「倭寇」と呼ぶ向きも、なしとはしない。そうした命名は「倭寇」という字面から日本の攻撃と連想解釈するのみ、一種の「附会」であって、少なくとも学術的な根拠・解析は、およそ皆無である。本書・筆者が歴史的にとらえなおしている「倭寇」の構造的な理解に鑑みても、当時の明治日本には「倭寇」の要件である「華夷同体」が欠如していたから、日清戦争を「倭寇」とはいえない。しかし同じく日本でも、二〇世紀の日中戦争の場合は、あらためて別途に考える必要がある。

かくて「華夷同体」に対する調整も、それ自体が転換を迫られた。「附会」をつきつめ、ついに拋《なげう》った康有為・梁啓超の師弟の事蹟は、そうした転換を如実に示す。そのうち典型的な概念表現といえば、たとえば「中華」「中国」にほかならない。

儒教旧来の漢語概念なら「中華」と「中国」は同義《シノニム》で、言い換えてもほぼ同じ世界・文明の中心という意味である。個別具体的な集団・場所を指す固有名詞ではない。「外夷」「外国」がそれぞれの対語であり、尊卑意識・上下関係にもとづく華夷秩序の体制と不可分な含意ではあった。

しかし梁啓超の「一変」をへた二〇世紀以降は、およそ異なってくる。以後の「中国」とは、西洋・日本でいうChinaの翻訳漢語に転化した。特定の国家を指す固有名詞であり、それとは別の国が「外国」である（梁啓超　二〇二〇：一四七、一五二―一五三）。この「中国」「外国」という新たな概念には、かつて「中華」「外夷」に分かちがたく内在した尊卑・上下の定義は、本来そなわっていない。

この「中国China」という国民国家が、従前の秩序概念に代位していった。やがて「中華」という字句も「中国China」のシノニムと化す。

それでも「中国」「中華」の元来の字義が、まったく消滅したわけでない。漢字の「中」「華」がもつ至尊至高のニュアンスは、漢字である以上なお残存し、しかも国民国家の概念と不可分と化した。いずれも漢語世界で最も優先尊重すべき対象になってゆく。

「革命」という概念

もっともそうした観念の転換は、なお「条約港」あるいは海外の華僑社会など、まさしく従前の「華夷同体」に関わってきた知識人エリートの観念に生じたことであって、それが中国そのものを動かすには、まだ至っていない。師弟の事蹟・転換が思想・言論の域にとどまっていたからである。それにみあった言動が中国大陸全体に及んで、現実の変化をもたらすには、政治的な実行が必要だった。

それを史上の用語で、「革命」と称する。その「革命」も「中国」概念と同様に、「華夷同体」とその転換の産物だった。

「革命」は旧来オリジナルの漢語では、「命を革《あらた》める」つまり「天命が変わる」という意味である。「天命」とは、天が天下を治める天子を任じる命令をいい、「天命」を受けた天子が王朝政権を開く。したがって「天命」が変わる、とは天子・王朝が変わるにひとしい。「革命」とは王朝交代である。王朝さえ変われば、いかに社会や体制が変わらなくとも「革命」であって、それ以上の意味はもたない。

ところが日本では、この「革命」を西洋概念の revolution の訳語にあてた。王朝の交代というものを経験せず、実地に知らない日本人ならではの発想、あるいは誤解だったかもしれない。しかしそんな翻訳を契機に、観念と時代が変わるのだから、歴史とは一筋縄ではいかないものである。

義和団事変の後、二〇世紀になって清朝の権威が失墜すると、「革命」運動がめだってくる。王朝政権に反撥する組織や動向は、中国史上たえず潜在顕在してきたもので、むしろ通時代的な現象といってよい。権力が弱まれば、抵抗する反体制勢力が相対的絶対的に強まるのは、道理である。

しかしそれにも、やはり時代相がある。「革命」とは、かつて言葉の意味では、たんに王朝交代でしかなかったし、現実の事象でも、なべて王朝交代にしかならなかった。二〇世紀になって、それが異なってきたのは、「華夷同体」の拡大とそれが新旧の「革命」と結びついたことにある。新たな局面になりながらも、従前の構造から考えなくてはならない点に、いわゆる中国近代史のややこしさがあるといってよい。

革命家

そこで少しでもわかりやすくするため、康有為・梁啓超に勝るとも劣らない重要人物に登場いただき、そうした「革命」の事情を体現してもらいたい。「中国革命の父」孫文である。

孫文は一八六六年、広東省香山県の翠亨村に生まれた。かつて「倭寇」の一大根拠地で、当時はポルトガルの植民地同然だったマカオの近辺にあたる。

今かれの別称にちなんで「中山市」と称するその香山県は、実に先述した容閎や唐廷枢の故郷でもあった。そして唐廷枢をはじめとする「買辦」、あるいは華僑のふるさととも言われる地である。八歳年長の康有為、あるいは七歳年下の梁啓超の故郷も、もちろん近隣に所在していた。

孫文

要するに「洋務」「変法」「革命」いずれも同郷人、同じ類型だといってよい。みな海外とつながりの深い、かつては「倭寇」を発現した同時代の「華夷同体」地帯の出身なのである。

もっとも、同じく「華夷同体」に出自するとはいっても、もちろん成長・経歴の条件・過程は各々に異なっていた。そこが長じてからの進路・職業、ひいては歴史的な役割を分かった一因だといってよい。

たしかに孫文は、康有為・梁啓超のような旧型の知識人ではなかったし、思想信条も違っていた。しかしそれは王朝・官界との距離の隔たり、海外との関係の深さの差である。それなら双方のちがいは、質ではなく程度の差異にすぎなかったといってよい。いいかえれば、いずれが上下・内外にどれほど傾斜したか、にあって、孫文はその点、二人よりはるかに下層で外縁に位置していた。

かれは十代の五年間、ハワイに出稼ぎしていた兄の支援でホノルルに居住し、そこで教育を受けている。帰国してからは香港で、ひきつづき西洋式の学校に入り、米国人宣教師から洗礼をうけ、西洋医学を学んで、のちマカオで医師・病院を開業した。

要するに、およそ西洋と接する沿海でなくてはありえない修学・成長の過程である。それでも容閎ほど欧米化しきった経歴ではない。

その間に孫文は、いわゆる「革命」思想を育んでゆく。清朝に反抗する意識は、おそらく青少年期を日々ともに暮らした親近・類縁・同僚の間で潜在していた。ごく自然に感化を受けたらしい。

もっとも、そこまでであれば、ほかの面々とさして変わらなかったかもしれない。ところがかれは、そうした「革命」を実際に表現しようと志した。やがて同志を結社・集団に組織化し、意識を主義・理論に言語化し、思想を運動・暴動に行動化し、自ら指導者を以て任じた。

生涯にわたってくりかえした営為である。そこは徹頭徹尾、一貫していた。生来の革命家といえるゆえんであり、孫文という個性の役割でもある。

生涯

孫文は日清戦争の直後に、清朝中央政府に対する反抗を実践に移した。「革命」の範疇では、最も早かった指導者であり、先駆者だったといってよい。

先駆者は先のみえない辛い役割である。孫文も例外ではない。苦闘の連続だった。しかしそれを逐一とりあげる余裕もないので、主要な履歴を年譜にまとめておく（一四七頁参照）。

中国近代史上、屈指の著名人であれば、煩瑣な説明は無用。問題となる事蹟、およびそれらを貫く要点のみだけ、以下みてゆこう。

とにかく勤勉な生涯である。毎年のように「蜂起」や結社、政府の組織を企て、実行した。しかし毎年・勤勉にならざるをえないのは、要するに毎回の成果が乏しかったからである。試行錯誤の連続であって、またそれが一生涯、最期まで続いたから、つまりは挫折の人生でもあった。

顕著な活動は、一八九四年・日清戦争の当時にはじまる。この点はやはり康有為らの「変法」と同じだった。同一の機運に生じた、同根同類の発想にもとづく行動様式の所産とみてさしつかえない。

また孫文はこの当時、李鴻章や盛宣懐など打倒すべき清朝の当局者と連絡をとって、上書進言をこころみたことがある。後世のいわゆる「革命史観」、清朝打倒こそ正しかったとみなす観念からすれば、奇異な言動に映るかもしれない。

しかしこれも「洋務」を批判しつつ後継し、要路に働きかけた康有為らと同じ行動様式だとみることができる。同様の土壌・出自から生じた「華夷同体」構造の内部で、互いに通じ合っていた、と考えてもよい。

そうはいっても孫文は、やはり「変法」の面々とは違っていた。結社を組織するや、すぐ蜂起に向けて動いているのは、やはり純然たる「革命」を志したからであろう。

蜂起の規模は、ごく小さかった。おそらく後に「革命の父」と偶像化された孫文でなければ、残らず忘れ去られたはずの記録・事件である。それでも、孫文とかれの集団の志向をみてとるのはたやすい。およそはじめから体制とは相容れず、政権の打倒をめざす立場だったのである。

もちろん謀反人・政治犯となっては、清朝内地にはいられない。海外諸国を漂泊する孫文の生涯がはじまった。以後の「革命」の根拠地も、外国とりわけ日本に所在した。かれの主要な

孫文略年譜

1894　ホノルルで革命結社・興中会結成
1895　香港で興中会結成、広州蜂起
1896　ロンドンで清朝の公使館に監禁
1899　香港で興漢会結成
1900　恵州蜂起
1902　宮崎滔天『三十三年の夢』出版
1905　中国同盟会結成、機関誌『民報』発行
1907　黄岡蜂起、七女湖蜂起、防城蜂起、鎮南関蜂起
1908　欽廉蜂起、河口蜂起
1910　新軍蜂起
1911　黄花崗蜂起、辛亥革命
1912　南京で中華民国臨時大総統就任、清朝宣統帝退位、袁世凱に臨時大総統を譲位
1913　国会成立、第二革命
1914　国会解散、東京で中華革命党結成
1915　袁世凱の帝制運動、護国戦争（第三革命）
1916　袁世凱死去、国会回復、中華革命党活動停止
1917　広州で中華民国軍政府海陸軍大元帥就任
1918　軍政府改組
1919　上海で『孫文学説』出版、中国国民党結成
1920　広州で軍政府継続宣言
1921　広州で中華民国大総統就任
1922　広東軍閥・陳炯明との抗争
1923　上海で「孫文＝ヨッフェ共同声明」発表、広州で陸海軍大元帥大本営再建
1924　国民党一全大会、国共合作、黄埔軍官学校設立、「三民主義」講演、神戸で「大アジア主義」講演
1925　北京で客死

深町 2016 にもとづいて作成

経歴の大半をしめる、といっておそらく過言ではない。かれが「倭寇」の末裔といえる証左でもある。

そうした海外での「革命」運動がはじまった時期は、また戊戌の変法・政変と重なっていた。康有為ら「変法」派も、政変で敗れて政治犯・反政府組織になると、「革命」派と同じく大陸本土にはいられない。海外を根拠地としたから「革命」の孫文らと同じ条件である。行動様式としても、さしてかわらない。

争奪

ともに最も活動が盛んで、重要な根拠地としたのは、ほかならぬ近隣の日本である。その地に住む第三者の日本人からみれば、どっちもどっち、どう違うのか、よくわからない。似た者どうしの提携をはかる人々がでてきて、当然だった。孫文の盟友となり中国革命に尽力した大陸浪人・宮崎滔天は、その代表である。かれの前半生の自伝『三十三年の夢』には、孫文のこともくわしい。

案に違って、二〇世紀初頭というこの時期に、「変法」「革命」の両派が提携することはなかった。同根同質の同類集団なればこそ、場を同じくすれば近親憎悪よろしく、相剋が避けられなかったともいえる。

「革命」の是非をめぐって、激しい論争となった。アメリカ在住の華僑に対し、清帝支持の立場から「変法」派の康有為が「革命」の不可を訴えると、清朝排撃を訴える章炳麟《しょうへいりん》は、その所説に反駁して「革命」を擁護、清朝・満洲人を徹底的に非難したばかりか、康有為の出処進退まで批判するなど、双方の対立は激化する一方である。

二〇世紀初頭の中国史を彩ったのは、こうした政治思想の言説論争である。列強の脅威に直面して、「革命」派は清朝を亡ぼさなくては、中国がバラバラになって亡ぶ、と主張したのに対し、「変法」派は清朝を亡ぼすと、中国がバラバラになって亡ぶ、と主張した。正反対の主張ながら、めざすところはまったく同じである。

その背後には、やはり海外在住の「華夷同体」の華僑勢力をいかにとりこむか、という切実な課題が厳存していた。「革命」にせよ「変法」にせよ、両派とも海外で生存し活動するには、異郷で財富をなした華僑に勢力を扶植しなくてはならない。華僑の勢力・財力は無限ではなかったから、限られたそのパイを奪い合う、目先の利害にとらわれないわけにはいかなかったのである。

宮崎滔天

歴史的にみるなら、係争点は上で述べたとおり、清朝存続の是非のみであった。十年も経たずに勃発した辛亥革命では、変法派・立憲派の多くが清帝の退位を支持し、清朝の滅亡に帰結する。

それならやはり双方は、けっきょく同質だったといってよい。「革命」「変法」の素志が最後までかなわなかったことでも、両者は同じだった。

3 「革命」の進展

三民主義と「革命」

清朝・王朝政権に反抗する「革命」結社は、先駆者の孫文に続いて、各地に叢生した。こうした「革命」派は、日本の東京で大同団結し、「同盟会」を結成、孫文を首領にすえて、その主義を綱領としている。機関誌『民報』を発刊し、やはり日本で広報活動を展開する「変法」派と華々しい論争をくりひろげた。

その綱領こそ、のちに「三民主義」となった思想である。「三民」とは「民族」「民権」「民生」を合わせた謂で、いずれも従前の漢語には存在しない、いわば日本の和製漢語を経由した西洋の翻訳概念だった。孫文は西洋式の教育を受けて長じた経歴もあったから、そうした概念表現には明るい。

たとえば「民権」という概念は、上にもふれたとおり、康有為ら「変法」派がとなえたのと同じである。日本史でも自由「民権」運動はおなじみ、西洋概念を翻訳した和製漢語は、漢学の素養があった日本人がつくりあげたもので、なればこそ大陸の漢語世界でも、とりいれることが可能だった。いわば和漢折衷、だとすれば、これまた「華夷同体」の所産である。やはり同じ地盤に発するといってよい。

なかんづく新機軸は、経済的な不平等の是正をはかる「平均地権」、のちに「民生」主義と称したものである。「民生」という漢語は、庶民の生活というごく一般的な意味なら、以前から使ってきた。しかしながら、このような社会経済にコミットした政策・制度的な概念ではなかったし、この場合の「民」は、伝統的な庶民ではなく、国民を意味する。やはり孫文が下層・民間・海外の出自なのと大いに関わっていた。

「民族」の自尊、君主専制の否定、経済的な平等という三つの「主義」は、たしかに西洋の翻訳概念ではあり、新たな政策構想である。しかしいずれも漢語伝統の儒教的な思想と共通する面もあった。康有為ら旧型の知識人なら、古典に「附会」する必要を感じたことだろう。

それに対し、下層で外向きだった孫文は、そうした必要に頓着していない。かれの場合はおよそ直截に、西洋の学知を通じて論理化しテーゼに掲げた。新しい「主義」として「革命」の綱領になったゆえんである。

もっともこの時点で孫文が、あるいはその集団が現実にめざしたのは、清朝の討滅でしかない。第一の「民族」主義とは、「韃虜を駆除する」「中華を回復する」ことである。それなら清朝の否定しか意味しない。ほかにも綱領・「主義」は、もちろんあった。けれども二の次・三の次、「民生」主義など字面はわかっても、内容を誰も理解しなかったという。

「革命」の概念と現実

そもそも「革命」という漢語も、そうであった。旧来の漢語・オリジナルのニュアンスの残影も、やはり見のがせない。

王朝の顚覆をはかれば、とりもなおさず「革命」勢力である。従前の「革命」はその意味でしかなかったし、それまでは事実も、ほぼその意味だった。「革命」を果たすや、後継した政権は、やはり王朝であり皇帝である。史上およそ同じくりかえしに帰結し、体制の変革はほとんどおこっていない。

かたや和製漢語・翻訳概念の「革命」は、revolution の意味だった。当時もふつうにフランス革命・ロシア革命といっている。だから孫文の「革命」思想でも、政権の交代にくわえて、「民権」「民生」も包括し得た。これも「華夷同体」の所産ではある。

ところが「民族」主義を、清朝の打倒と定義すれば、それだけで漢語の「革命」すべてが充足してしまいかねない。実際に二〇世紀初頭の「革命」派の観念、そして史実の経過でも、まさしくそうであった。

一九一一年の辛亥革命は、中華民国という近代国家を生み出し、清朝という王朝を滅亡に導いた史上の一大事件である。海外から中央に背いて、その覆滅を念願した「革命」派の素志が実現した瞬間であった。

しかし出現した中華民国の中身は、なお前代の残滓が多分に濃厚である。そもそも中華民国北京政府は、清朝から政権の委譲を受けて発足した。辛亥革命を起こした「革命」派は、一九一二年の年頭、南京に臨時政府を設け、領袖の孫文が臨時大総統になっている。しかし北京の清朝を打倒できないまま、孫文も正式な大総統になれないまま、北京政府への合流を余儀なくされた。

皇帝政治・異「民族」政権はなくなっても、それが「民族」主義・「民権」主義の実現を意味したわけではない。「民生」主義はいわずもがな。孫文が目標とする三民主義の達成には、ほど遠かった。

それどころか、主義としての「民族」自体すら、再考が迫られた。清朝から政権をひきついだ中華民国は、内外の「民族」をどうとらえ位置づけて、自らはいかなる国家になりうるのか。さすがに「中国」概念も変わった二〇世紀ともなれば、「革命」の原義たる政権交代を果たしただけでは、あるいは「韃虜」の清朝を駆逐しただけでは、何も解決しない。したがって「民族」主義・「中華を回復する」というテーゼが達成できないのも明白だった。呼号するだけでは、何をすればよいのか、誰にもわからない。

王朝を覆滅し、旧制を打破したあと、いかなる新体制を構築するのか。そこが問題だとすれば、主義・定義としての「民族」すら、再考が避けられない。中華民国が発足して、孫文はあらためて「三民」主義を練りなおし、新たな「革命」の構想と運動をはじめざるをえなかった。

「革命の父」「国父」

その意味では当時、孫文とその「三民主義」と「革命」は、「華夷同体」に発しながらも、既成の体制・中央の政府に外から反抗するだけ、なお事象としては、かつての「倭寇」レベルにとどまっていたともいえよう。たとえば一七世紀の満洲人・清朝のように、孫文の構想と勢力が体制化し政権化するには、時期尚早だった。「倭寇」的な行動様式は、なお続かざるをえない。

したがって孫文本人は、必ずしも歴史の表舞台に立ったわけでもないし、主流をなしていたわけでもなかった。かれが主人公にみえるとすれば、後継して政権を掌握した国民党・共産党の「正統」史観による歴史叙述の影響である。

上に掲げた年譜も、あくまで孫文の履歴を記したのみ、中国の歴史年表と等号で結ぶことは難しい。ことさら孫文にふれなくとも、中国近代史を描くことはできる。史実経過の叙述としては、そうしたほうがむしろ自然かもしれない。

孫文は「中国革命の父」である。台湾では「国父」という。「父」のメタファーでいえば、中国革命も中華民国およびその構成員も、かれ自身ではない。その子にあたる。しかも子の「革命」が成熟し、真の「民国」が日の目を見ないうちに逝去した。「革命はいまだ成功せず」と言い遺したくらいである。

「父」は「革命」にも「政府」にもなりえないままの反体制勢力だった。「倭寇」と見立てるゆえんでもある。だとすれば、かれと、「革命」が実現し新たな政府ができてゆく以後の過程との間には、おそらく断絶がまぬかれない。

孫文本人が「父」と自称したことはないだろう。それでも後生が自身の事業を引き継いでくれると確信していたにちがいない。

かたや後人たちは、かれを「父」と敬仰する。孫文の後継者だと自任した。そのような間柄なら、多かれ少なかれ「父」・子の間を通貫し連続する遺伝子・ＤＮＡは存在するはずである。では、孫文のいったい何を後継していたのか。

「革命」を育てあげた国民党・共産党の政権のありようが、孫文の資質・ＤＮＡに起源し、またそれを受け継いだとすれば、それはいったい何なのか。あらためて考えなくてはならない。

転換と逝去

孫文が世を去った一九二五年は、中華民国はなお軍閥混戦のただ中であった。孫文率いる「革命」集団も、なお従前とさして変わりばえのしない南方の割拠勢力にすぎず、たしかにその運動は「成功せず」、実を結んでいない。

しかしその数年前から、孫文の活動はにわかに際だってきた。クライマックスはまさしく晩年にあたる。それまで協力してきた広州の軍閥・陳炯明《ちんけいめい》と袂を分かってからの数年であろうか。

孫文は政権転覆の革命運動に従事しながら、目的に応じた軍事力をろくに有していなかった。当初からくりかえした武装蜂起も、ほとんど既成既存の秘密結社や軍閥・軍隊を利用している。一九一〇年代末に設立した広州軍政府も、軍閥の陳炯明との共同組織であった。やがて対立関係に陥っては、力がものをいう。武力に劣る孫文が広州を逐《お》われる結果になった。一九二二年のことである。

そもそも手持ちの軍隊がなければ、権勢をもてず、覇権を握れないのは、中国史の通例である。天下は「馬上これを得る」ものであって、新王朝・統一政権の建設者は、ほとんど大軍の指揮官だった。統一王朝になれない割拠勢力でも、軍閥という形をとらねばならない。孫文の直近なら、陳炯明はもとより、袁世凱もしかりだし、かつての李鴻章もそうだった。

孫文はようやく遅まきながら、そこに気づいたようである。これも陳炯明に逐われたことが契機となった。そうした軍事面もふくめ、あらためて提携したのが、海外勢力のソヴィエト・ロシアである。

もちろん一九一七年のロシア革命で発足した社会主義国家であり、当時は帝国主義列強と対峙していた。世界の社会主義勢力を拡大しつつ、既存の反帝国主義勢力と提携を模索しており、孫文への接近もその一環である。

孫文は一九二三年、その使節と接触を重ねたすえ、中国国民党の改組にふみきった。ソ連の赤軍・共産党にならった党軍一体組織・民主集中制を採用し、二年前に成立していた中国共産党と「合作」する。いわゆる「連ソ容共」への転換だった。

当時の中国共産党は、ソヴィエトの国際組織コミンテルンの中国支部である。共産党員が個人として、国民党に入るという形をとった。

孫文はこの改組・改革をへて広州を奪還、「三民主義」講演を行い「国民政府建国大綱」を発表し、黄埔陸軍軍官学校を設立する。時に一九二四年、理念・軍制をととのえ、「北伐」の態勢もできあがってきた。ようやく「革命」も実現の前途が見える。

ところが北方の情勢が変化すると、孫文は大規模な武力の発動はひかえ、北京政府との協議に応じて妥協をはかろうと試みた。なお実力に自信がなかったのかもしれない。同年一一月に広州を発ち、北上している。

途上で日本にも立ち寄り、神戸高等女学校で一一月二八日、有名な「大アジア主義」講演をおこなった。いつにも益して勤勉だったのは、自身に時間が残っていないのを予感していたのであろうか。

年末大晦日、北京に着いた孫文は、すでに病臥の身であった。明けて一九二五年、肝臓癌との診断、手術も受けたものの、再起できないまま、三月に不帰の客となる。享年は満五十八歳。かれのめざす「革命」が本格的にはじまったのは、客観的にはあくまで、その逝去の後であった。

4　孫文という「倭寇」

遺言と生涯

孫文は辞世にあたって、「国事遺嘱」をのこした。いわば遺言状である。そのなかで自身の生涯をふりかえって、「革命に尽力すること四十年、目的は中国の自由平等を求めるにあった」といい、その「革命はいまだ成功せず」と断じた。

生涯の「目的」はかなわなかった、という失敗の表明である。それだけみれば、悲劇的な生涯というほかない。しかしとりもなおさず、「革命の父」になりえたゆえんでもある。

生涯の道程は確かに、自身の遺言どおりだった。西洋流の教育を受けて育った孫文は、中国の近代化、いわゆる「自由平等」を終生、追い求めつづけた。その意志・行動は一貫している。もっともそれは、かれだけではない。同時代・同世代の梁啓超はじめ、多くの人士が同じように、国民国家の欧米日本をモデルに立憲制・共和制・議会制・連邦制などなど、種々試行錯誤を続けた。

孫文もひとしく、そのなかで彷徨していたのであり、かつまた挫折ばかりだったといえる。そのなかでも、なぜかれだけが有力な後継者を産み出し、「革命の父」になりおおせたのか。そこが核心の問いではあるまいか。

孫文の「革命」に関する思想と実践の変化ないし発展は、瞠目すべきである。たとえば「三民主義」をみれば、辛亥革命以前、その民族主義とはたんなる満洲の排斥、民権主義とはたんなる帝制の否定、民生主義とはたんなる地主の敵視でしかなかった。つまり清朝を亡ぼし旧体制を覆す、というネガティヴな方向のみである。「民族」「民権」「民生」という従前の漢語にはなかった、和製の近代的な概念を用いいながら、内容は旧態依然・王朝交代的な「革命」プランだった。

民国の十年で、それが変貌する。民族主義は国民国家・反帝国主義に、民権主義は民主集中制に転化し、民生主義は社会主義をも包摂した。同じく和製漢語の翻訳概念ながら内容は一新、いわゆる「連ソ容共」、ソヴィエト・ロシアの支持をえた共産党との提携への一大転換である。

そのプロセスこそ、孫文晩年の言動と並行合致する。実践は最後まで挫折の連続ではありながら、試行錯誤の蓄積からたどり着いた境地・理念が、「三民主義」の最終形態でもあった。

それはたしかに次の局面を切り開いた原動力であり、今にいたるまで、大陸政権に受け継がれている新機軸にほかならない。その目標・思想・組織を引き継いだ蔣介石と毛沢東が「革命」を成就したのである。

「専政君主主義」

かくて孫文は、国・共いずれからも「中国革命の父」として崇め奉られるに至った。さしあたって見るべき要点は、二つある。三民主義でいえば民族と民権であり、後者がより孫文個人の資質にかかわるので、そちらからまず、述べてみたい。

好例をなすのは、国民党の改組から十年ほどさかのぼったころの史実である。孫文が臨時大総統を譲った北京政府の袁世凱は、一九一三年に「革命」派を弾圧して実権を掌握した。敗残の孫文は一九一四年、逃亡先の東京で、袁世凱の北京政府に対抗して、中華革命党を結成する。これがのちに中国国民党に発展した。

捲土重来を期した雌伏の時期である。再起結党にあたって表明した孫文の発言がおもしろい。

> むかしの組織は主義だけで同志に呼びかけ、主義の一致をもとめるのみ、人格の純不純を問わなかった。ゆえに当時、党員の数は多く、声勢は大であったが、内部では意見がまちまちで歩調はあわず、団結自治の精神もなければ、命令服従の美徳もなかった。党首は傀儡に等しく、党員はバラバラの砂のようなものだったのである。……当時、立党にさいしていたずらに自由平等の説にまどわされて、命令を統一し、党首に服従することを条件としなかったからである。（孫文　二〇一一：一八五―一八六、一部改変）

「いたずらに自由平等の説にまどわされ」たから、新しい「革命」組織では、命令の「統一」、「党首に服従すること」を絶対的な「条件」としようとした。

もとより率直な述懐なのだろう。言い換えれば、「自由平等」を実現するために、「自由平等」を制限して自身への集権をはかり「服従」を求めたのであって、民主のための独裁だった。そのため相反する顔をもつ双面神「ヤヌス」に、孫文を譬える向きもある（深町　二〇一六）。こうした「ヤヌス」的な姿勢は以後、一貫していた。そんなかれが十年後、最後に行き着いたのが、ボリシェヴィズム・民主集中制なのである。

早くから孫文の志に共鳴して、協力を惜しまなかった宮崎滔天も、これには終始、強い違和感を示している。かれは反対派の意見を紹介して、

命令はいかぬ、命令でやれば専政君主ではないか、それではお前の教えた主義が民権自由であるのに、それを教えたお前がその主義を取消して、専政君主主義で行くのはいかぬ（宮崎　一九七三：三一二）

といい、この時のみならず後々まで、「命令病」「専制病」が孫文の欠点だと断じた（狭間　一九八六）。

宮崎に語ってもらったのは、孫文に親近な自由民権家の日本人だったからである。現代日本人の多くも、共鳴を覚えるのではないか。およそ「民主か、独裁か」という二者択一しか考えつかないであろう。

しかし中国は必ずしもそうはいかない。党という範囲であれ、国という範囲であれ、孫文の目に映った中国社会は、すでに「自由平等」な「バラバラの砂」であった。それをまとめるには、「命令」の一元化およびそれに対する「服従」が、「自由平等」と共棲せざるをえない。

それならけっきょく、従前の中国と同じである。多元をきわめて「バラバラ」なので、それを統治する理念・制度が集権にならざるをえない、という基本構造があり、古来その集権を具現化する体制が「専政君主」の王朝、つまり皇帝の独裁だった。

歴史的慣性と「華夷同体」

孫文らは二〇世紀に入り、西洋化・近代化の機運が高まるなか、一千年つづいた王朝という旧体制を否定し、アウト・オブ・デートとした。袁世凱が皇帝即位を画策し、独裁専制に回帰しようとして失敗したのは、その典型である。

しかし旧体制はお払い箱になっても、代わるべき新体制は定着しなかった。「バラバラの砂」という民間社会のありようが依然かわらない以上、王朝体制を不可としても、基本構造にみあう統治組織は具備せねばならない。

条件を満たす組織・体制が必要不可欠なのであり、みなそれを求めて彷徨した。孔教をとなえた康有為も、帝制を復活させようとした袁世凱も、それを阻止した梁啓超も、行動は異なっても、目標はすべて共通している。もちろん孫文も同じで、姿勢はほぼかわらない。もっとも実践的だったともいえる。

そのなかで同時代・後世の中国人は、孫文の「革命」による「専政君主主義」を選択した。具現化した体制が、ボリシェヴィキ流の党組織であり、「民主集中制」という名の独裁にひとしい。

孫文を受け継いだ以後の「革命」、つまり国民党の蔣介石・共産党の毛沢東いずれも、民主・法治を求めた理念・企図のいかんにかかわらず、「専政君主主義」にならざるをえなかった。孫文が「国父」「革命の父」たるゆえんであり、そこに中国の歴史的慣性が作用しているといってもよい。

孫文はおそらく自意識・主観そして言論としては、あくまで中国の「民主・法治」を希求している。中華民国を建て、その国民国家の近代化を達成すべく活動した。しかしあまたの変革者・革命家のうち、かれこそ「専政君主主義」という中華王朝の衣鉢を典型的に継いでいたといえる。一見矛盾するかにみえる「民権」・民主と「専政」・独裁との共棲両立こそ、かれの生み出した「中国革命」の本質だった。

さらにいえば「専政君主」は一人で必要にして十分、集権でなくては用をなさないし、独裁が複数あっては字面だけでも矛盾する。そうした意味で、孫文の「専政君主主義」＝「民主集中制」というDNAを有した一卵性双生児・国民党の蔣介石と共産党の毛沢東は並び立たず、内戦におよばざるをえなかった。

それなら決して自由主義vs共産主義の戦いではない。はるか古代に項羽と劉邦が始皇帝の跡目を、あるいは曹操と劉備が漢王朝の後継を争った史実のほうが似ている、といえようか。そんなアナクロニズムがかったメタファーが成り立ってしまうのも、歴史的慣性と位置づけるゆえんである。

しかも孫文の「ヤヌス」的共棲は、中華王朝的な独裁と西洋近代的な民主から成り立っていた。「革命」という漢語が王朝交代の原義とrevolutionの訳語を兼ね合わせる概念だったありように応じた展開である。これもやはり、かねて継承してきた「華夷同体」の発露だったといってもよい。

「五族共和」

同じことは、発展した孫文の民族主義にもいえるのであり、これが第二のポイントをなす。すでにみたように、当初は満洲の排斥・清朝の打倒・異民族支配からの解放でしかなかったその民族主義は、帝国主義の征服に対する抵抗と中国の自立に転化した。「民族主義《ナショナリズム》」というにふさわしい。

それなら、自立すべき「中国」とはどこか、誰か。じつにそこが問題であった。「ナショナリズム」は「ネイション」を前提とする。それなら「ネイション」をまず実現せねばならない。中国の「ネイション」とは何か。

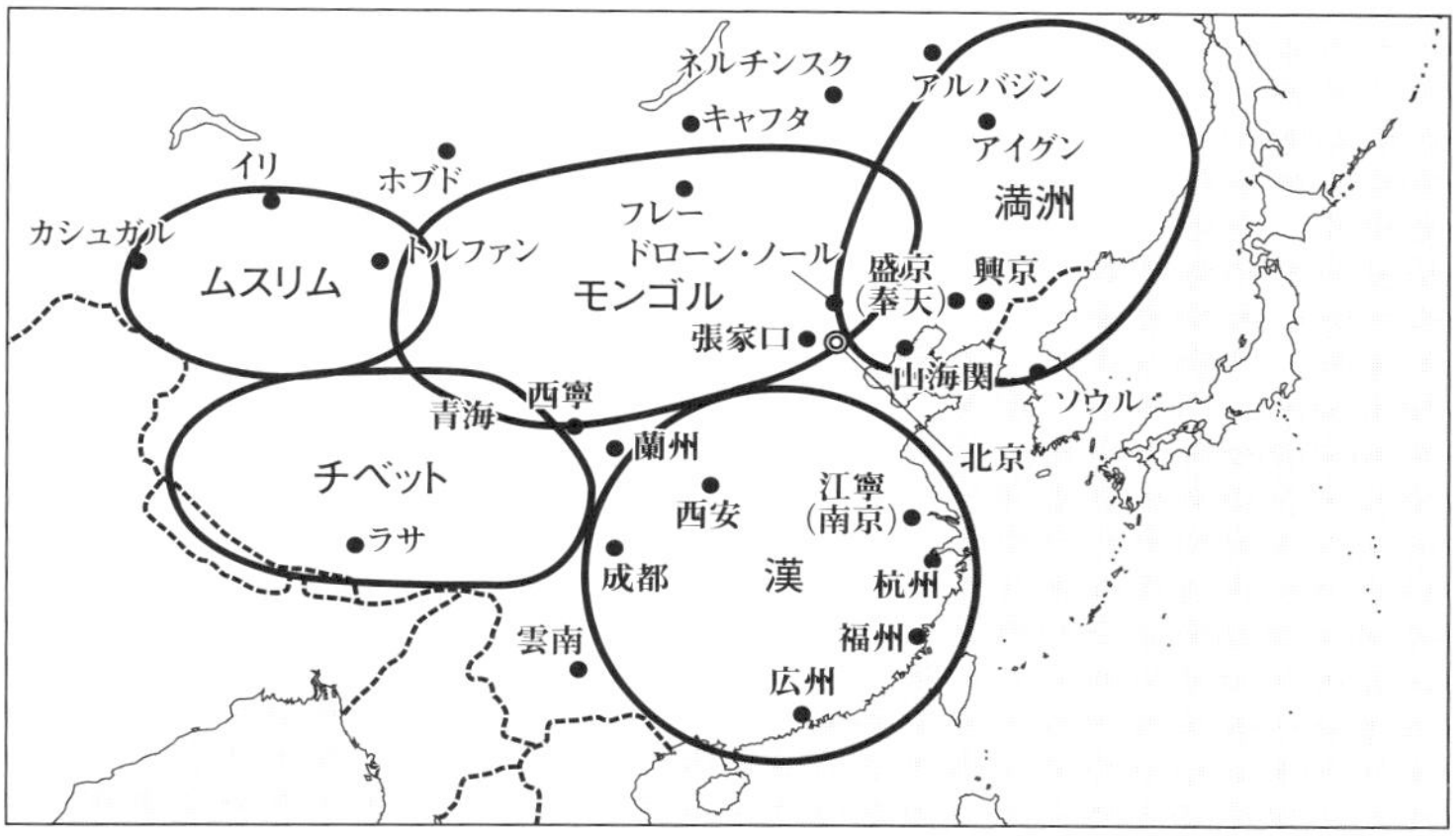

清朝の「五族」

そこで孫文は「五族共和」の「中華民族」を提唱した。これは孫文の独創ではない。当時の漢人知識人なら、おおむね共通して具有、また使用していた観念・術語である。さりながら、自らの政権構想・政策理念として訴えたなかで、最も有力だったのは、やはり孫文であった。

孫文は当初、清朝打倒と満洲排斥をとなえていたから、素志としては、漢民族に純化した単一民族国家を構想していたのかもしれない。孫文は一九一一年の辛亥革命を経て、翌年年頭に首都を南京に置いた臨時政府の臨時大総統に就任した。その時は、五百五十年ほど前に同じく南京を首都として即位した明の太祖の再来に、自らを見立てていたようである。

明王朝はすでにみたとおり、モンゴル帝国を駆逐し、華夷の辨別・画分を厳重にして、「中華」を漢人で純化しようとした。かつてのモンゴル帝国は、さしづめ目前の清朝なのであろう。

ところが多くの漢人知識人エリートは、清朝の規模を引き継いで国民国家の中国を形成すべきだと考えていたし、まもなく実際にも、中華民国がその規模のまま相続することに決まった。一九一二年二月に北京で清朝宣統帝が退位するにあたっての条件である。そこで「五族共和」というフレーズも出てきた。一八世紀後半以降の清朝は、満洲・モンゴル・チベット・ムスリムおよび漢人という主要な「五族」が共存して、成り立っていたからである。

にもかかわらず「共和」してきたチベット・モンゴルが、事実上の独立をはかり、やがて各々イギリスとロシアの支持をうけて、中華民国から離反するにいたった。漢人の当局者・有力者はこれに対し、いよいよ反撥を強め、清朝の「五族共和」という遺制継承に固執してゆく。

こうした内外の動向に応じて、孫文の民族主義も明朝ではなく清朝の規模を相続して、一つのネイション＝民族を定義するものに変わらざるをえなかった。中華民国を代表するにあたっては、かれも当然この「五族共和」を援用している。

そしてその意味内容は、次第に変化していった。一九二〇年代になると、「五族」のうち「漢族」の圧倒的優位を説いて、ほかの民族を「わが漢族に同化させ」、「一つの中華民族」を作るべきだと断言している（狭間　一九九七）。

つまり孫文の「民族主義」は、対外的には列強の抑圧同化に抵抗しつつ、対内的には旧体制のもとにあった少数民族を漢民族が同化する、という相反した方向を、同時に併せ持つことになった。やはり「ヤヌス」的である。それがまた国内的な支持をえたのであって、以後の中国で国民党と共産党とを問わず、実行に移されていった。孫文の構想から数えて百年以上、紆余曲折をへて、大陸ではいまも続く民族政策である。

やはり「倭寇」

清朝の旧体制＝「五族共和」に西洋製の国民国家を結びつけて、「中華民族」という国民を作るというのが「民族主義」なら、中国的な「専政君主」に民主集中制という西洋的制度を適用したのが「民権主義」だった。両者は同工異曲、平仄が合っている。孫文一流の「華夷同体」の発露といえるし、また外国的な外貌をもちながら内実が中国在来だという「倭寇」に準じたものなのかもしれない。

そんな孫文に対し、われわれ日本人が何より想起するのは、「大アジア主義」の講演であろう。上にもふれたとおり、一九二四年一一月の末、逝去の直前、わざわざ日本に立ち寄って発したメッセージだった。日本人にあてた遺言だともいえる。

まず中国を中心とした伝統的な東アジアの秩序体系を理想的な「王道」とふりかえり、目前の西洋列強の帝国主義を強権的な「覇道」であると断じたうえで、列強に対抗すべくアジア諸国の連帯をよびかける、という内容だった。なかんづく日本に、「西洋覇道の爪牙となるか、東洋王道の牙城となるか」という警告まで書きのこしたのである。

当時の孫文がとった「連ソ容共」の路線は、日本政府につよい警戒をひきおこした。孫文の上京を拒否したのも、当時なら当然である。まもなく孫文が逝去した後、「革命」の前に立ちはだかったのも、ほかならぬ日本だった。その意味では、すでに双方は相容れない立場にあったともいえる。

孫文は渡日にあたって、こうした点に疑問矛盾を感じたであろうか。警鐘を鳴らしたところからみれば、日中の破局を予期していたのかもしれない。それでも日本人にあえて親しく訴える言説を残したのは、やはり親近感が勝っていたのであり、そのあたりにかれの資質の一面がかいまみえそうである。

孫文がその生涯をかけた「革命」事業は、日本を重要な策源地・拠点としていた。そこで心ある日本人が共鳴し、深く関わり、また少なからぬ援助をしたことは、確かに事実である。そんな孫文生前の日中提携を、かつては「友好」の美談と囃し立ててきた。しかし客観的にみれば、中国の「侵略」をすすめる帝国主義列強の日本から支援を求めたことにほかならない。体制権力の側からみれば、外国との通謀である。

また孫文からみれば、パトロン・拠点は日本に限ったわけでもない。つとに英米も飛び回っているし、一九二三年以降はソヴィエト・ロシアに傾く。それぞれ相応の事情・契機はあったにしても、どこでもよかったといえば、言い過ぎだろうか。

別の著述の一節を借りれば、孫文は「民族主義革命のために帝国主義列強の支援を求めた」。

さらにいえば、「中国の中央政府を打倒する革命運動のために、敵の敵は味方とばかり外国勢力の支援を求めるという行動様式は、ほぼ孫文の革命生涯を通じて」一貫していたのである（深町　二〇一六：五三、二五）。

それなら行動様式でいっても、かつて海外と通じて体制に反抗した「倭寇」と選ぶところがない。「倭寇」とは称しながら「倭」＝日本に限らなかったのは、くりかえし見てきたとおりである。故郷近隣のマカオ一帯に脈々と受け継がれた「倭寇」「華夷同体」の体質・ＤＮＡを、かれ自身も具有していた、しかも著名な「大アジア主義」講演すら、その一例だった、といっても過言ではない。

日本人も従前のように、孫文を日中友好・美談の主人公とみなすだけでは、あまりにも不十分である。孫文の全人的な資質・歴史的な文脈から、日中提携や「大アジア主義」講演をとらえなおさなくてはなるまい。

第5章　「倭寇」相剋の現代中国

1　国民政府の時代

蔣介石と国民政府

孫文逝去後の中国は、まさしく激動の歴史をたどった。蔣介石が孫文を後継して、中国国民党の領袖となり、北伐を敢行し、やがて南京国民政府を樹立する。その国民政府は軍閥の割拠・混戦の形勢にようやく終止符を打ち、中華民国を代表する政権となった。時に一九二八年。もっともそれで、「五族共和」と称した目標を達成し、かつての清朝の規模を掌握し、そこに平穏・安定をもたらしたわけではない。対立する割拠勢力はなお残存していたし、辺境でも対峙・紛争がたえなかった。

そんな国民政府の敵対者として典型的だったのは、対内的には中国共産党であり、対外的には日本である。いずれもやがて雌雄を決せざるをえない相手だった。

かつての孫文は、まだ妥協的に過ごしている。中国国民党を建設し、ソヴィエト・ロシアから援助を受けて、共産党と「合作」したし、日本には一縷の望みを託し、「大アジア主義」を呼びかけて、中国の立場に理解と支持をうったえた。勢力が小さかったから、妥協的にならざるをえなかったとみてよい。

ところがわずか数年を隔てた蒋介石の国民党・国民政府では、情勢はすっかり異なっている。共産党を弾圧し、日本とも敵対した。北伐をすすめ、軍閥を圧倒し、政権を担う勢力に成長したからである。

孫文から蒋介石に至る国民党のこのような変化は、実にとても目まぐるしく、ややこしい。額面どおりの政治史研究、ないし政党史・党派分析でそのプロセスを考察すると、複雑な人脈と離合集散の観察と追跡が必要になる。筆者もふくむ一般読者には、それは煩瑣きわまりない。

ひとまず枝葉末節的な事実経過を捨象してみよう。そして蒋介石・国民政府が、孫文の「華夷同体」的構造をどう継承したかを考えてみれば、少しは見やすく、わかりやすくなるにちがいない。

蒋介石

転身

まず「国共合作」が崩潰した。孫文の時代は国民党も共産党も、ソヴィエト・ロシアと連携し、いわば民主集中制というＤＮＡ・体質を共有した双生児的な「華夷同体」組織であった。それだけに結びつきやすくもあり、反撥もしやすい。いずれに行きつくかは、内外の情勢が決した。

海外の帝国主義列強に反抗し、国内の旧体制の政府に挑戦、対立するだけなら、一国社会主義のソ連との提携でも可である。つまり地方割拠の一反乱分子なら、そのままでよかった。

ところが国民政府が中国経済の中枢・江南地方まで進出し、そこで全国規模の政権を樹立し、体制を刷新する見通しになると、話は別である。単に帝国主義を指弾し、やみくもに対立するだけではすまない。

世界経済を牛耳り、中国経済とも日本におとらず深いつながりを有する英米である。それなら江南を保持する自らの損失にならないように、関係を再編しなくてはならなかった。とりわけ列強の嫌う共産主義・社会主義を持したままでは、内外におよぶ経済政策・外交関係がとかく円滑にすすまない。

反帝国主義の民族主義を堅持しながら、中国の経済中枢を安定して統治するなら、蔣介石は遅かれ早かれ、選択する必要があった。帝国主義列強すべてと全面対決を続けるのか、あるいはむしろ妥協して、共産党と社会主義・ロシアを切り捨てるのか。かれが選んだのは、周知のとおり後者だった。

だからといって、孫文の三民主義は、いわば国是である。とりわけ国論にひとしい反帝国主義・国家統一の「民族主義」という看板を下ろすわけにはいかない。

そこにちょうど日本がひきおこしたのが、一九三一年の満洲事変である。中国人にとっては、自領の満洲を分断奪取し、せっかくの統一を台無しにした凶行であって、政治的にも思想的にも容認しがたい。このため日本との対立は、いよいよ深まって解消しなかった。それは蔣介石の転身にも、大きな意味を持っている。

世界経済を牛耳る英米と新たな連携に転換した以上、従来のように敵対はできない。なればこそ自ら標榜する「民族主義」の標的として、日本という仇敵の存在が欠かせなかったともいえる。

三つ巴

その敵手の日本も、東三省・満洲に根を張っていた。日露戦争の勝利で獲得した旅順・大連の租借地と南満洲鉄道の利権を中心に、政治的経済的な権益をひろげたからである。そんな満洲の地は、中国内地のみならず日本列島からもおびただしい移民を受け容れつづけた。住民ともども日本の軍事・経済と不可分の関係となって、中国の体制・政権にまつろわぬ勢力を形成したのである。

つまりシナ海沿海ならぬ平原・内陸でできあがった「華夷同体」構造であった。それなら時空を越えても、往年の「倭寇」とかわらない。これをアナクロニズム的に史上の「倭寇」になぞらえた中国の為政者・知識人は、偶然にして無意識裡ながら、正鵠を射ていたともいえる。

日本は「大日本帝国」と名乗りながら、ほかにめぼしい権益を有さなかった。一等国・帝国主義列強として大国の地位を維持するには、満洲の権益に固執せざるをえないし、「華夷同体」

の体制を死守しなくてはならない。そのために軍事力を行使して、二〇世紀の「倭寇」になることも辞するわけにはいかなかった。

英米とて帝国主義である。しかも世界経済を制している以上、中国で多少の譲歩はしても、さしたる痛痒は感じない。そこは余裕綽々であった。ソ連・共産主義勢力を排除できるのなら、中国の権益放棄は容認できる構えである。

蔣介石は孫文の「華夷同体」組織を相続したから、その体質・構造、つまり民主集中制と対外依存をも承け継がざるをえなかった。それだけに「同体」の相手が欠かせない。ソ連を見限った以上、英米との提携はその意味でも必然だった。

英米との関係が好転すれば、アメリカに留学していた知識人官僚も、多く政権に参画できる。孫文の時代とは別の意味と条件で、いよいよ国民政府の「華夷同体」構造は深まった。

だとすれば、英米と「同体」だった国民政府、満洲で「同体」となった日本帝国主義、くわえてソ連と「同体」の中国共産党が並存相剋の情勢にある。いわば「華夷同体」勢力の三つ巴だった。

そうしたなかで、国民政府の位置づけはどう考えるべきか。過去の例でいえば、あたかも「北虜南倭」から成長した清朝に擬《なぞら》えて考えることもできよう。

一七世紀の前半には、辺境の割拠勢力の一つでしかなかった清朝は、南方の漢人勢力、北方内陸勢力のジュンガル遊牧国家と対峙、相剋のすえ勝ち抜いて、独自の秩序体制を実現した。

まず南方、華南の軍閥と鄭成功とその子孫の海上勢力を平定し、ついで北の遊牧国家との対決に臨んだのである。

それなら、国民政府のほうはどうか。やはり割拠勢力だった国民政府が、南方農村の共産党および北方「満洲」の日本と対峙、腹背に敵をかかえたことは、かつての清朝と同じ形勢である。

蔣介石はいわゆる「安内攘外」をとなえた。つまり、まずは国「内」を平定、すなわち南の共産党を打倒殲滅してから、しかるのち北の「外」敵を撃退、つまり日本の対処に移ろうと考えていたのである。清朝のように、南北の各個撃破をねらったのであろうか。

「合作」から内戦へ

しかしその後は、過去の清朝と同じではない。日本史・日本人にも周知のような経過をたどった。

国民政府は先んじて「外」敵にあたるべく、国「内」の対立勢力と妥協に転じる。時に一九三七年。当事者たちもそう呼び、今日も通例「第二次国共合作」ないし「抗日民族統一戦線」などと称する共産党との連携にいたる。これで日中の全面対決、日中戦争が不可避となった。

表面的な事象はそうであって、大陸政権・国共が呼号するターゲットは、たしかに「民族統一」を妨げる帝国主義である。

しかし外敵といい列強とはいえ、日本・日本人に純化した勢力ではない。かつての「倭寇」同様、「華夷同体」で日本と通じて、「外」敵を支持する中国人がおびただしく存在していた。国・共からみれば、真の敵は日本人に劣らず、「民族」の「統一」を妨げる中国人、いわゆる「漢奸」である。少なくともかれらの主観は、そうであったにちがいない。抗日戦争は「日本」をあげつらいながらも、実質的に中国人を相手どったという意味でも、やはり「倭寇」の再現だったといえよう。

一九四五年、大日本帝国は敗れて、三つ巴の一角が消えた。日本本体が関わる「倭寇」勢力は、大陸から消滅したことになる。

「帝国」日本が去ってのち、大陸に生き残っていた政治軍事勢力は、もとより国民党と共産党であった。つとに相剋をくりかえしていた間柄である。果たせるかな、まもなく再び武力衝突した。そしてこれまた周知のとおり、国民政府が敗北して、大陸の大部分は中国共産党の支配に帰し、一九四九年に中華人民共和国が誕生する。

かつては、ここが歴史の一つのゴール・到達点だった。それは資本主義の近代を超克した先に、社会主義というユートピアがあるとしたマルクス史観の信仰からである。筆者が勉強をはじめたころは、まだそうした感覚が生きていた。

しかし現代では、もはや通用しない。マルクス史観・社会主義の理想など、誰も信じていないからである。それなら、どうみればよいのだろうか。

「倭寇」の再現？

ここでも有効なのは史的な観察であり、さらにいえば「倭寇」の系譜に着眼すべきであろう。日中戦争という「倭寇」は、確かに終焉した。それでも「華夷同体」構造は消えない。なお日本ならざる「倭寇」勢力が生き残っていたからである。日本「帝国主義」に対抗すべく「合作」し、やがて内戦を戦った国共にほかならない。

いずれも孫文の後継で、「華夷同体」勢力だった。一方が米国、他方はソ連と結んだ違いだけである。「華夷同体」とその帰趨は、もはや中国の主流をなす基本構造になっていた、と考えてもよいのではないか。

国共内戦はこのようにみると、同時代の東西冷戦構造の一環ではありながら、よりいっそう中国史の軌道の上にあった相剋だといえる。イデオロギー対立の相貌をとりながら、しかし同質の政治勢力の争覇であった。

それだけに妥協・和解の余地は少ない。三つ巴だった二つめもまた、一つめと同じく大陸から去らねばならなかった。

敗れた国民政府は、台湾に遷る。そこを根拠にしたのは、歴史からみれば、とても偶然とも思えない。

台湾は下関条約以降、半世紀にわたって日本の植民地支配をうけていたところである。それ以前の一八七〇年代前半には、物議を醸した台湾出兵事件も起こって、日本と因縁は浅くない。もっとさかのぼれば、鄭成功の再現でもある。それなら台湾の政権は、やはり「倭寇」の末裔であって、かつては大陸反攻をとなえるなど、その行動様式も踏襲しているといってよい。しかも依然としてアメリカの支持・支援をうけつづけたから、いよいよ「華夷同体」構造を深めたわけである。

そして、やはりアメリカの庇護の下で、敗戦から復興した日本もくわえれば、三つ巴の各々は相貌を変えながら、戦後も存続したにひとしい。それぞれ今もなお健在だという事実に鑑みて、世界史的な東西冷戦構造のもとにあった東アジアの姿をみなおさねばなるまい。

それなら大陸の中国共産党は、といえば、新たな中央政権だったから、かつて蔣介石・国民政府が置かれた清朝のリバイバルという立場である。中華人民共和国は北京を首都として大陸を支配、北方に接するソヴィエト・ロシアと共存しつつ、海洋を通じた西側諸国とは断絶した。台湾に鄭成功が拠った時代、すなわち一七世紀の清朝北京政府が、北方に異質な勢力をかかえつつ、東南沿海に海禁を断行した時期を髣髴させる。

それなら英米と結んで「安内攘外」を試みた南京国民政府より、はるかに清朝のありように近い。三百年たって、原状に復したといっては言い過ぎだろうか。そうなるのは、地政学的な体制・社会経済的な構造の本質に、大きな変化がないからであって、けだし中国理解に歴史を学ぶ意義が大きいゆえんである。

2　中華人民共和国

対外危機

国民政府との内戦に勝ち抜いた中国共産党の毛沢東は、北京で中央政府の主席に就任し、中華人民共和国の建国を宣言した。時に一九四九年一〇月一日。

いまにつづく中国のはじまりである。新しい時代の幕開けでもあって、それだけに国歩は多難、容易ではなかった。

日中全面戦争から国共内戦まで、十年以上にわたる戦火の後を受けてのことである。国際情勢も厳しい。台湾にのがれた国民党の政権とは、米ソ東西の冷戦構造と連動しつつ、ひきつづき対峙対抗せねばならなかった。

毛沢東

そんな建国早々の一九五〇年、おこったのが朝鮮戦争である。北京に近い朝鮮半島は、安全保障の要に位置するから、せめて平壌以北は敵対勢力をなくしておかなくては、北京が危機に瀕する、というのが、史上くりかえしてきた教訓であった。

直近では四十年前の一九一〇年、韓国を併合した日本帝国主義がそうである。満洲事変・抗日戦争の出発点でもあった。朝鮮半島で国連軍＝米軍の北進を放置しては、その二の舞になりかねない。中国のいわゆる「義勇軍」が介入し、北朝鮮を死守したゆえんである。その姿勢は現在まで、何らかわっていない。

いっそう象徴的なのは、チベットである。中国は二〇世紀はじめ以来、「領土主権」を主張して、チベットを自らの一部とみなしてきた。「民族主義」「五族共和」の一環でもある。チベットの側はそんな中国に反撥し、辛亥革命以後にイギリスの支持のもと、事実上の自治独立を果たしていた。

ところが第二次大戦後、イギリスの影響力が減退したのに乗じて、中華人民共和国は圧倒的な軍事力を送りこんで、チベットを領土として統合した。進駐をはじめたのは、朝鮮戦争と同じ一九五〇年である。

いまも解決の糸口のみえないチベット問題、ひいては「民族問題」の出発点でもあった。その間の事情は、軍事力行使を必ずしもともなっていないものの、モンゴルや新疆も多かれ少なかれかわらない。こちらはソ連との隣接だったこともあって、事情が異なっていただけである。

共通して「少数民族」「自治区」という呼称を有するこうした地域は、かつて英露などの列強と通じて、中国中央から離反自立しかねなかった。二〇世紀に入ってからは、そのせめぎ合いの歴史であって、実際にロシア・ソ連の支持で独立してしまった現在のモンゴル国もある。そのため北京政府は、今なお現在進行形で孫文的な「五族共和」の「同化」をすすめているともみることも可能だ。辺境が対外勢力と通じ合って、中央の支配に服さないという構図は、これまた元来の住民が漢民族ではなかったにしても、「華夷同体」構造の発露ともいえる。

国内統合

対外的な危機は重大だった。しかも上に述べた政治・軍事ばかりにとどまらない。社会的・経済的な側面も劣らず注目すべきである。

大陸の政権は冷戦構造のなかにあって、世界経済とはほとんど切り離された。資本主義の西側諸国と決定的に対立、断絶し、旧来の外資企業も撤退、ないし接収されたためである。

中国は国共内戦の終わった一九四九年、人口五億四千万人のうち農村人口が九〇%近くをしめ、同じ時期の第一次産業比率は、五〇%を超えている。共産党・毛沢東はまずこの農民・農業に立脚すべく、土地革命を断行して地主を打倒し、土地の再分配を実施して貧富の格差を解消した。

そしてこのように重視した農村で、農業集団化をすすめたばかりではない。都市でも商工業企業の国営化を強力に推進して、「計画経済」の体制に転換を果たした。

もっともそうした動きは、必ずしも経済的あるいは経営的な合理性に即していたわけではない。むしろ強い政治的・軍事的な動機と圧力によるものだった。対外的な危機のなか、西側資本主義諸国に対抗できるだけの重化学工業の発展と食糧の増産を必要としたからである。

経済といえば、管理通貨の実現もみのがせない。蔣介石の国民政府は、世界経済とつながる沿海地域の商工業を保護し、ポンド・ドルという英米の国際通貨とリンクした「法幣」で幣制を統一して、国民経済の統合を果たそうとした。しかし世界恐慌・大戦・内戦で事業は頓挫している。

共産党政権は内戦期から続いた激しいインフレを急激な貨幣の回収でおさえこみ、一九五〇年の朝鮮戦争勃発でふたたび物価が上昇しはじめると、物資・金融の両面で統制を強化、新しく導入した人民元の価値を安定させた。貿易・金融で強い景気波動を加える世界経済の影響から離脱し、一律の管理通貨制を布くことに成功している。これもやはり、対外断絶によるところが大きい。

つい四半世紀前は、中国各地でバラバラの貨幣が混在し、海外からは「雑種幣制」と蔑視を受けていた。国民政府の「法幣」が頓挫したように、各地既存の雑多な貨幣や軍票を駆逐するのは容易ではない。だから共産党政府・人民元の通貨統一は、史上空前の事業だといえる。

こうして中華人民共和国は、中国の領土・経済の一体性を高め、統合的な国民経済の枠組をつくりえた。一体化した国民国家は、孫文はじめ二〇世紀の「中国」が念願したものである。毛沢東・共産党はそれを実現したかに見えた。

文化大革命

もっとも光があれば翳もある。そうした中国一体化事業が、個々の中国人にとって幸福だったとはかぎらない。

農村に対する統制の強化は、重工業の推進や戦時動員を支える食糧の強制買付や余剰収奪をひきおこし、農民の貧困化をもたらした。世界経済と断絶しては、国際貿易から中国が得られたはずの先進技術・外国資本の導入の機会も乏しい。あいまって経済の活力は衰えて、成長も困難であった。

一体化したかにみえた中国の実情は、やはり非常時の強制・諦念にすぎない。当事者は必ずしも納得してはいなかった。それをよく示すのは一九五七年、反右派闘争にいたった過程である。

その前年、ソ連でおこったスターリン批判は、東側で共産党支配に対する信頼を揺るがしていた。中国も例外ではない。北京政府は危機感を覚え、都市部の知識人たちに自由な発言をうながすことにした。建国以来、必ずしも中国共産党の主義・理念・施策を屑《いさぎよ》しとしてこなかった人士に対する、いわばガス抜きである。

ところが実際に、そうした意見表明が始まると、政府の想定範囲をこえて、体制批判が噴出した。党幹部と農民との所得格差を厳しく指摘する声も上がっている。

驚いた共産党は、にわかに弾圧をはじめた。批判者たちに「右派」のレッテルを貼って、社会的な地位を剝奪する。言論・思想の弾圧統制は、紀元前・著名な秦の始皇帝のいわゆる「焚書坑儒」以来、どうやら中国史につきもので、この反右派闘争もその一種といってよい。

しかし二〇世紀も半ばという時代、いかにもアナクロニズムである。中国の文藝思想・科学技術は大きな欠落と落伍を余儀なくされ、政策方針もますます現実からかけ離れていった。

翌年にはじまる「大躍進」で、それが明らかになる。毛沢東が主導し、急進的な社会主義化を通じ、高度経済成長を果たそうという計画だった。計画どおり庶民を動員すれば、設備投資・製造技術を閑却しても、農業・工業で年二〇％前後の大増産を実現できる、というから、およそ常軌を逸した政策・運動である。

経済に大混乱をきたしたばかりにとどまらない。数千万人に上る餓死者を出す惨憺たる結果である。さすがに毛沢東も、国家主席を辞任せざるをえなかった。

代わったのは、劉少奇国家主席・鄧小平総書記である。事態を収拾すべく経済を建てなおすため、定量以上の収穫の自由販売を農民にみとめるなど、市場経済を一部とりいれた調整政策を施した。成果をあげ、ようやく一九六〇年代の前半、生産も回復のきざしを見せてくる。

ところが毛沢東は、こうした動きを許さなかった。発動したのが文化大革命である。劉少奇・鄧小平らに「実権派」「走資派」というレッテルを貼って糾弾、その「実権」を奪って失脚させ、さらに広汎な知識人・有力者をあいついで摘発し迫害弾圧した。

当時に流行した「走資派」「修正主義」という概念は、やはり見のがせない。西側の資本主義に傾倒する裏切り者というニュアンスだった。それなら、民国時代に存在した海外資本・列強勢力と通じる「華夷同体」と同工異曲であり、さらにさかのぼって、清末なら「漢奸」、明末なら「倭寇」と同じ含意になる。文革もこうしてみると、確かに中国史上の軌道にある史実なのであった。

毛沢東から鄧小平へ

いつの時代も中央政権の立場としては、こうした海外の思想や財貨に傾倒する人士・地域の離反を許すわけにはいかない。これを中央の理念・体制に全く服従させ、同化し、一元化してしまうのか、それとも一定の「猶予」「遊び」を認めた上で、相手をつなぎとめておくのか。

鄧小平

この二者択一は遅くとも、「倭寇」の生成をみて以来の中国史上の課題だったといえよう。前者に固執し過ぎると、対外的な危機が高まった。「北虜南倭」にアヘン戦争、義和団事変もその例に漏れない。しかし後者に流れて、相手の「自主」を容認し過ぎると、中国中央からの離反に拍車をかけてしまう。「属国」の独立や外国の権益と化した租界・租借地などは、その典型だった。

このように史上の明清時代、一九世紀のおわるまでの史実経過は、そのくりかえしである。そして孫文以来の「革命」の時代、中華民国ないし東アジア全域は事実上、内外にわたる離反自立勢力の混戦だった。最後に勝ち抜いたのが中国共産党である。

しかもそれで終わらない。中華人民共和国でも、そうした二者択一が左右の路線対立に転化して再現したとみることもできる。代表する人物なら、毛沢東・鄧小平で表象できるのは、いうまでもあるまい。

毛沢東の政権はどうやら徹底的な一元化・同化をめざしたようであり、そこにくりかえし摩擦軋轢が生じた。文革はその典型だったといってもよい。

毛沢東の主観的な企図はどうあれ、現実の文革は、惨憺たる結末だった。とりわけ顕著なのは、経済の落ち込みである。そこに「走資派」鄧小平の復活する契機があった。

文革の結果から脱却するなら、毛沢東とは逆の択一しかない。共産党のイデオロギーと統治支配を維持しながら、海外の理論・思想・技術・財貨を摂取吸収して、経済を再建しようとの方針の採用である。一九七八年にはじまる「改革開放」であり、その営為はのち「社会主義市場経済」という体制に結実した。

「社会主義」と「市場経済」とは通例、矛盾する、相い容れない概念である。しかし両者の共棲は、中国と海外の同居する「華夷同体」という社会構造の実情にみあう体制の表現だといってよい。政治は「社会主義」のドグマを奉じる中国共産党が一手にひきうけ、経済は海外・資本主義と「同体」で通ずる民間が「市場経済」を取り入れて建てなおす。

こうした「改革開放」は時勢にみあって、急速な成果を収めた。やはり「倭寇」以来の「華夷同体」構造は生きていたのである。

一九八〇年代の前半までに農村改革が成功して、生産力を回復、伸長させた。それにつづいて、都市でも「市場経済」を容認して、商業金融の企業活動の活性化をもたらしている。九〇年代に入ると、いよいよ「市場経済」の全面化にふみきって、大規模に外資を導入した沿海部で、産業が盛んになった。海外との貿易が飛躍的に拡大し、とりわけ安価な労働力に依拠した製造業が大いに発展をとげ、中国製品の輸出を伸張させる。その趨勢は頓挫せずに持続していった。

かくて実現した長期にわたる中国経済の高度成長は、われわれも眼前で見てきたとおりである。現在の大国化もその所産の一つであり、いわば「華夷同体」活性化のたまものではあった。

3 香港の履歴と運命

「改革開放」の意味

かつて毛沢東がめざし、達成したかにみえた中国の一体化事業は、政治的にも経済的にも、対外的な断絶をテコとしている。世界の冷戦構造もあいまって、海外からの影響は大陸にほぼ波及せず、中国に対する遠心力として作用するには微弱だった。そうした情況・条件を利用して、共産党中央に離反しかねない、社会に根強く残存する西側的な要素の摘出排除を試みたのである。

いわゆる「ブルジョア」「資本主義」などの糾弾は、言い換えれば、前代から継続する「華夷同体」構造のうち、「夷」の側面を刮《こそ》げ落として、共産党中央という「華」に純化しようとはかったにひとしい。文革はその典型だった。「倭寇」の離反を未然に抑えこもうというのである。

それで中央政府の求心力は、おそらく高まった。従前のような治安の悪化、戦争・内戦などは、少なくとも表向き跡を絶ったからである。

しかし一体化そのものが成功したわけではなかった。実態としては、極限的な統制状態のなか、上下とも貧しくなって、内外の格差がひろがったにすぎないからである。角を矯《た》めて牛を殺す、の譬喩どおり、「夷」を削ぎ落としたことで、「華夷同体」の経済的効能も失われた。貧困脱却が課題となると、それまで断絶していた海外とのつながり、「華夷同体」の営みの復活をはからざるをえなかったゆえんである。

文革中にアメリカとの関係改善がすでに実現していた。毛沢東が逝去し鄧小平が復活すれば、「華夷同体」を深める「改革開放」に転じたのは、以上の面からも、必然的ななりゆきではある。

そしてそれは急速な経済成長をもたらした。「華夷同体」の社会構造にかなう制度構築と政策運営であった以上、やはり歴史的に納得できる。

だとすれば、その副作用もまた免れない。明清時代から「華夷同体」構造は、「華」と「夷」のバランスが肝要だった。「華」が勝ると「夷」から経済的な効能をうまく引き出せないし、「夷」が勝ちすぎると政治的な遠心力が強まって「華」を損なう。「倭寇」・アヘン戦争や「瓜分」は後者の事例、清朝初期のデフレや毛沢東の施政は前者の事例だといってよい。

鄧小平の「改革開放」が「倭寇」以来の「華夷同体」構造に応じた体制だとするなら、旧来の構造に根ざす紛糾の生じる危険も、また不可避だった。はじまった経済成長は、あくまで海外との結びつきによる。その拡大にともなって、西側の思想に対する傾倒と国内の社会不安も顕在化してきた。

そうして起こったのが、たとえば一九八九年の天安門事件であろう。戒厳令を出して民主化を求めるデモを武力鎮圧したこの事件は、そうした意味で「倭寇」的な紛糾の一例に数えることも可能だ。

習近平の登場と香港問題

しかもそれでは、終わらない。事件後も「改革開放」は続き、中国共産党の支配を明記した

「社会主義市場経済」体制に移行する。「華夷同体」構造の活性化そのものは変更がなかったので、高度経済成長は持続し、海外との関係もいっそう深化していった。西側の思想・財富を信奉する人々が増えるかたわら、国内の格差は拡大、治安も悪化してくる。海外への移動・移住や腐敗の蔓延・犯罪の多発など、すでに二〇一〇年代初頭から明白になっていた趨勢である。

北京政府の立場からは、過熱した「市場経済」・海外傾倒が「社会主義」・共産党支配から逸脱しはじめた、といっても過言ではない。「華夷同体」でいえば、「夷」が勝ちすぎる局面になっていたのである。

そうしたなか政権をひきついだのが、現国家主席の習近平であった。登場にあたって、その課題と任務はむしろ明白だったといえよう。時に二〇一三年。

習近平はトップ就任以来、とにかく勤勉である。政府の主導で海外の投資事業を展開する「一帯一路」構想を発表し、反「腐敗」キャンペーンにいそしみ、さらにはいわゆる「法治」を通じた言論の統制を緩めようとしない。コロナ禍における強権発動も、記憶に新しいだろう。

共通するのは一言でいえば、中央政府のイニシアティヴであろうか。その強弱は局面・時期によって異なるものの、統制主義にほかならない。近年はいよいよ強面になってきた。

随処で緩んだタガを締めなおそうとの意思は、どうやら明白であろう。成長を続けてきた経済の減速も目についてきたのは、そんな統制の勢い余っての結果だろうか。

しばしば無辜の外国人にまで、嫌疑・危害がおよんでいるのも、同じ文脈である。われわれも実に身近で見聞していることではありながら、しかしあまりに近いと、かえって事象の全体像はみえづらい。

そこで顕著な事例を一つあげるとすれば、香港の処遇であろうか。習近平が中国を率いるようになった時期から、香港の動向はたえず内外の争点だったからである。

よく知られているように一九九七年、中国に返還された香港は、香港特別行政区基本法で五十年間の「高度な自治」を保証され、いわゆる「一国二制度」が発足した。習近平が登場する二〇一〇年代といえば、それから十五年前後たったころになる。

北京政府は香港に対し、イデオロギー浸透を強める動きに出て、愛国教育の強化に乗り出した。しかし香港はそもそも、大陸の統治・迫害を逃れた人々やその子孫が、住民の多数を占めている。共産党への忠誠を涵養する愛国教育など、そこで評判がよかろうはずはない。二〇一二年の「反国民教育運動」をピークに、大きな反撥が起こったのは当然であった。

政権発足早々、習近平が目の当たりにしたのは、こうした香港なのである。態度が硬化の一途をたどっても不思議ではない。

習近平（©President Az）

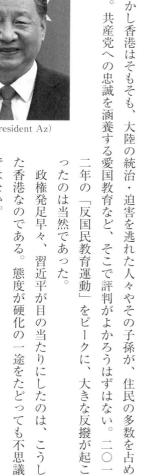

「雨傘革命」から国家安全維持法へ

大きな転機は習近平の国家主席就任の翌年、二〇一四年にある。中央政府は香港に対する全面的な統治権を主張するとともに、選挙でも事実上、候補者を共産党政権が事前に選抜する「普通選挙制度」を導入しようとした。

これに反対しておこったのが、いわゆる「雨傘運動」「雨傘革命」である。当局の放つ催涙弾を防ぐため、雨傘をさして大規模抗議デモをくりかえしたことから、その名称がついた。

北京政府の干渉・介入に香港社会が反撥・反抗する。双方の言い分は明白で、政府は大陸と同じ「一国」という立場にもとづき干渉するのに対し、香港社会は大陸とは異なる「二制度」を根拠に対抗してきた。従前から別の違うものを、むりやり同じにされてはたまらない。当時のデモ活動で、「光復（すっかりもとどおりにする）」というスローガンが踊っていたのは象徴的である。

これで構図が露顕したといってよいし、習近平の登場とともにそうなったのも、おそらく偶然ではあるまい。しかもどうやら行きつくところまでいかねば、収まらないようでもあった。

あらためて契機となったのが、二〇一九年の「逃亡犯条例」改正反対運動である。大陸への刑事犯送致を可能にする法改定に対する抗議で、二百万人という空前の規模の巨大デモが発生、半年以上にわたる激しい抗議活動が続いた。

激怒した中央政府は、香港国家安全維持法を一方的に制定する。翌年から適用がはじまったこの法律は事実上、反政府運動を自在に取り締まることのできるフリーハンドを当局に与えた。

　これまで合法に存在、展開してきた言論・抗議などの活動、およびそれに従事する個人・団体が、にわかに取締の対象となる。政府当局は主要な民主派の人士を検挙逮捕し、政治団体・社会団体はおろか、メディアまでも次々と閉鎖した。

　もちろん選挙制度も手つかずではすまない。普通選挙を縮小し、公職選挙の候補者に政府の資格審査を求めることにしたため、翌二〇二一年には、全員親政府派の議会が誕生した。その翌年の行政長官選挙も、事実上の無投票で決まっている。

　かくて三十年つづいた香港の民主制度は有名無実と化し、「一国二制度」も骨抜きになったというのが一般的な評価である。習近平政権の強権ぶりを象徴する事件であったといってもよい。

雨傘運動（©Pasu Au Yeung）

　ただ、そうした評価だけで十分なのか。あるいは、いわゆる強権を習近平ひとり、あるいは現在の習近平政権・北京政府のみで考えてよいものか。そこには歴史的な視座から、なお考察の余地がありそうだ。

「一国二制度」の帰趨

習近平は現役の指導者であるから、以上のような香港の処遇をふくめ、その施政はなお現在進行形の事態である。軽々に論評をくわえるのは時期尚早、とりわけ歴史家として軽率の譏《そし》りをまぬかれまい。

けれども、その十年間を歴史の継続として回顧するかぎり、いずれも「改革開放」に由来する課題の解決を図ろうとする施政だったとはいえる。具体的にいいかえれば、民間・地域が海外に傾倒して、あるべき秩序を乱し、中央から離反しかねない動きを封殺しようとする措置だった。中央政権の眼からする香港社会は、いわばその典型的なケースだとみえてもおかしくない。

香港のありようは一九九七年の返還以後、いわゆる「一国二制度」である。当初その具体的な内容は、社会主義体制の中国にありながら、香港はイギリス式の資本主義・三権分立の体制を維持することだった。

その目的はもとより「改革開放」に役立てるにある。香港は植民地時代の一九八〇年代、すでにアジアNIEsの一角を占めており、そのめざましい経済発展と工業化を、隣接する中国にも及ぼす足がかりという位置づけであった。「改革開放」の政策方針が変わらないかぎり、たとえ植民地でなくなったとしても、その位置づけを軽々に動かすわけにはいかない。植民地の「現状維持」は北京政府にとって、たとえ不本意だったにしても、さしあたって不可欠な措置ではあった。それなら大陸の経済発展が軌道に乗ってくれれば、条件・対処は変わりうる。

常識的にいえば、そもそも「一国二制度」は矛盾に満ちた概念・国制だった。それはあたかも中国が同じ時期にめざした「社会主義市場経済」とひとしい。通例「一国」に二つの政治経済体制はありえないし、「社会主義」の体制で市場経済の運用はありえないはずである。

しかし当時の中国が「社会主義市場経済」の体制をとればこそ、香港の「一国二制度」もありえた。「改革開放」の中国大陸で「市場経済」を発展させる目的ならば、香港旧来の政治経済体制を活用できる。それが当初の姿勢だった。

だとすれば、もはやその姿勢はとりえない。二〇一〇年代はその「市場経済」が発達過熱し、北京政府の「社会主義」から逸脱して、弊害をみせはじめた段階に入っていた。香港の「一国」と「二制度」の比重も当然、再考の対象にならざるをえない。習近平の登場はちょうどその転換期にあたっていたのである。

以上の事情をいっそう広域で歴史的な本書の視角・筆者の口吻で言い換えてみよう。上に言及したとおり、「改革開放」ないし「社会主義市場経済」は、「倭寇」以来の歴史的な「華夷同体」構造にみあった政策・体制だった。構造の安定・平穏に不可欠なのが「華」と「夷」のバランスである。そのあるべきバランスを喪失したなら、摩擦軋轢が生じかねない。

それが二〇一〇年代の局面である。「市場経済」の社会が「社会主義」の政治から逸脱しはじめたのは明白だった。「華夷同体」は海外に傾倒したあげく、中央政府に背く「倭寇」に転化しかねない。

少なくとも北京は、そうみた。統治にあたった習近平の歴史的な役割は、そこを抑えこむにあって、一見その強権・統制にみえる政策は、およそそうした文脈で、説明が可能である。

それなら香港は、その最も尖鋭的・典型的な事例を構成したといってよい。それもそのはずで、香港とは「倭寇」のなれの果て、「一国二制度」とは「華夷同体」の現代的な異称だからである。

香港という「倭寇」

香港は一八四二年、中英のアヘン戦争を終わらせた南京条約で、清朝がイギリスに割譲した地であることは、世界史の基礎知識だろうから、もはや詳しい説明をくりかえすまでもあるまい。ただあらためて付け加えるべきは、そのアヘン戦争、およびその導火線になったアヘン貿易が、上述で論じたとおり、明代以来の「倭寇」および「華夷同体」構造から生じていたことである。そして以後の香港の誕生・発展も、その継続で、同じ軌道の上にあった。

アヘン戦争当時の香港は、ほとんど住民のいない島だった。それがイギリスの施政の下に入り、自由港として出発する。当初はアヘン貿易の基地、ついでゴールドラッシュを契機に移民の中継地となった。やがて外国企業があいついで進出、貿易金融が全般的に発展し、中国大陸と東南アジア、世界経済をつなぐ通商センターと化す。そうはいっても、その住民の大多数はもとより大陸から移り住んだ華人であり、主として広東人であった。いまでも通用語は、広東語である。

もちろん当時に、「倭寇」という語句はない。平時にもどったこともあり、アヘン戦争時とちがって、もはや「漢奸」とも呼ばれなかった。しかし北京の政権の手の及ばないところで、経済事業を通じて外国と共存する共同体、つまり「華夷同体」を形づくった構造は、明代の「倭寇」、アヘン戦争前後の「漢奸」とかわらない。

先に述べたとおり、一九世紀後半以降の条約港・租界がすでに「華夷同体」構造を有し、「倭寇」の近代版とみなすこともできる存在であった。それなら植民地の香港は、なおさら然りであろう。

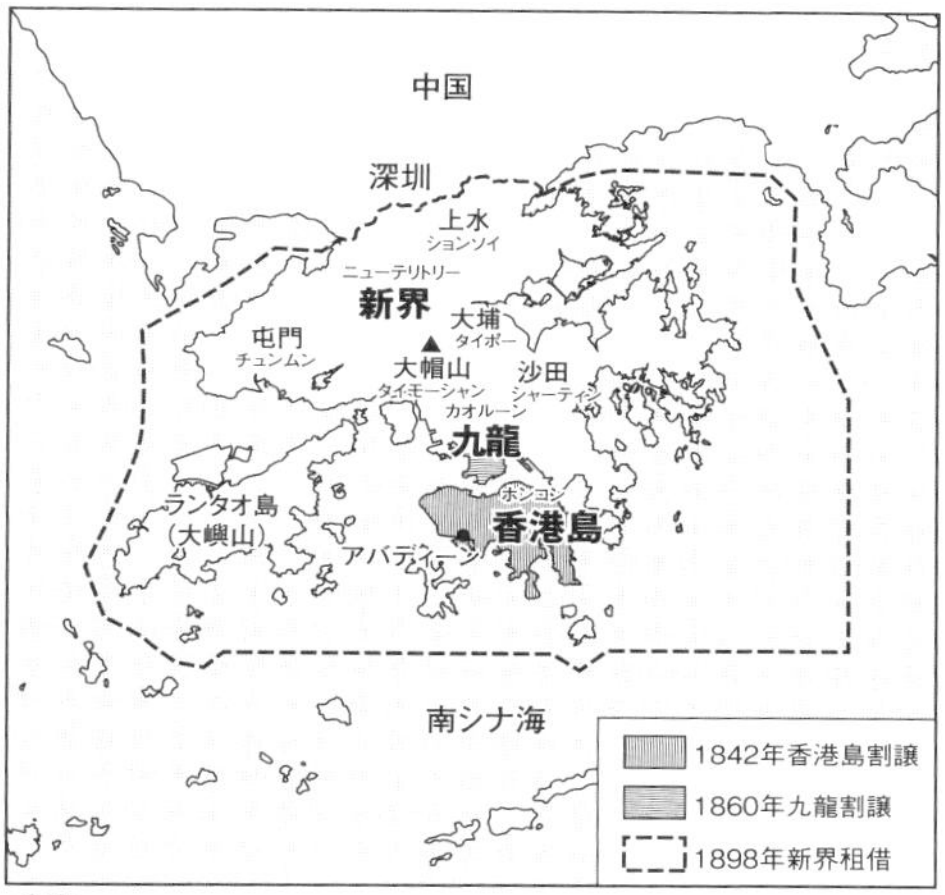

香港

しかも一九世紀も最末期の利権獲得競争を通じて、香港島の北に隣接する九龍半島全域が新たにイギリスの租借地となった。「新界」と称する。香港島と海を挟んで近接した対岸一帯は、つとに一体不可分の植民地を成していた。そこに後背地の「新界」がくわわって、現在の香港地区の規模ができあがる。租借の期間は九十九年間だったから、期限満了は一九九七年だった。その間、香港は「革命」の拠点にもなっている。対応する人物は、「革命の父」孫文である。かれは香港で教育をうけ、青少年期を過ごした。その人格・思想・事業すべてがいわば「華夷同体」的だったのは、香港という場を一つのベースにしたからである。既存の政権・法制に違背、反抗する存在であるなら、いよいよ「倭寇」であった。

その死後、一九二五年の香港で、北京の軍閥政権・イギリス帝国主義に反撥した大ストライキが起こって、国民革命への突破口を開いた。孫文の遺志を香港が継いだ恰好であろうか。

このように香港の社会・民意は、その誕生から一貫して北京の政権・イデオロギーと矛盾した存在でありつづけてきた。「華夷同体」構造・「倭寇」の所産である。

香港はたまたまイギリスの植民地・租借地という法的地位だったため、二〇世紀の終わり、北京政府に返還された。中国政府はあたかも「社会主義市場経済」の構築にとりくんでいるところだったので、対応した「一国二制度」を導入して、香港の「華夷同体」構造と北京政権との歴史的な矛盾に手を着けなかったのである。

二一世紀の習近平政権はそうした歴史に挑戦したといってもよい。そしてコロナ禍をへて、今なお挑戦中である。香港の「華夷同体」＝「一国二制度」の帰趨から、今後もやはり目が離せない。

4　現代と「倭寇」

両岸三地

「両岸三地」という成句があった。と、あえて過去形にしてみるのは、つい先日まで多く目にしていたのに、近年あまり耳にしなくなったように感じるからである。

中国関係のフレーズとしては、めずらしい現象ではないかもしれない。たとえば以前には、日中関係をあらわす「政冷経熱」ということばもあった。いまやすっかり死語であり、諸行無常を感じる。

その「両岸三地」、文字どおりには、「海峡を挟んだ三つの地域」という意味で、いうまでもなく中国大陸・台湾・香港を指す。いつ生まれた四字熟語なのか、寡聞にして知らない。けれども大陸の「改革開放」と経済発展がすすむなかで、とりわけ香港の返還以後、人口に膾炙したのは確かだろう。

香港と台湾は二〇〇〇年代当時、中国大陸・北京政府にとって経済発展をはかるうえで、欠かせないパートナーであった。実質的な規模・法的地位・政治体制がまったく異なる「地域」でありながら、緊密な関係を深めていったのである。互いに相手を意識し、独自の政策をとり、一地が動くことで、他の二地も連動し、重層的な相互作用を及ぼしあい、複雑な域内政治を展開してきた。

この四字熟語は、そんな含意を有する。しかし大陸にとっては、台湾も香港も同じ中国、「一つの中国」の一部にほかならない。にもかかわらず異質である。そう認めざるをえない。そんな矛盾をはらんだ関係をあらわすのが「両岸三地」という複数の言い回しであり、その背後・裏側には、単数の「一つの中国」という原則が厳然として存在する。両者は表裏の関係にあった。

「両岸三地」はこのように、あくまで大陸目線の表現でありながら、日本人もしかし、おおむね追随模倣して使ってきた語彙である。そのさい、上のような事情をどこまで知覚、意識していたであろうか。

かつて中国中央には、返還後の香港で「一国二制度」を成功させ、台湾統一のモデルとするプランがあった。しかしそうした方針にもかかわらず、二〇二〇年の習近平は、香港で「高度な自治」を否定せざるをえなかったのである。

もちろん台湾の警戒と反撥を招かないはずはない。大陸との統一拒絶と自らの主体性維持が、ますます台湾のコンセンサスになっている。

ひるがえって北京政府が、まさかそれを認めるはずもなかった。香港・台湾が離反した以上、中国は単数「一つ」でなくてはならぬ、という立場に転ずる。もはや複数の存在を認め合う「両岸三地」とは、とてもいえない。背後にあったネガの「一つの中国」が、いまや前面に出てポジになった。

それを如実に示すのが、上に論じたとおり、香港に対する国家安全維持法の施行であり、また台湾に対してくりかえされる軍事演習の威嚇である。「台湾有事」の憂慮も、故なしとはしない。

あらためて、「倭寇」とは何か

「両岸三地」概念の盛衰は、このように香港・台湾に対する「一国二制度」の虚実をはかるバロメーターであった。「一国二制度」とは、つまり往年の「華夷同体」構造＝「倭寇」にひとしい。その「華」「夷」の虚実・濃淡は、時空を超えて、中央政権との関係を左右した。「倭寇」はこのように目前の香港・台湾問題の母胎とみなすべき歴史事象でもある。それなら現代の中国をめぐるありようは、「倭寇」を生成した明代にまでさかのぼれるといってよい。

そもそも「倭寇」とは何か。あらためて書名・タイトルに掲げた字義から、ふりかえって考えてみよう。

二文字ともなじみのない漢字である。「倭」はもとより、「寇」もしかり。いずれも画数の多い、ちょっと書けない漢字で恐れ入る。しかしわれわれにまったく無縁なことでもない。当の日本人になじみが薄いのは、「倭寇」が主として歴史用語、古い言葉だからである。定まった熟語・術語なので、憶えなくてはいたしかたない。

「倭」とは、日本を指す漢字である。日本人の多くが知らなくても、外国人は現代も使わないわけではない。朝鮮半島の人々は古今を通じ、日本人を罵倒して「倭奴《ウェノム》」という。いまや半島は漢字を使わないながら、元来れっきとした漢語ではあった。

「寇」とはいまのことばでいえば、襲撃・侵入・侵掠くらいの意味だ。たとえば日本史でいう「元寇」は、「蒙古襲来」と同義だから連想いただきたい。

もっとも後世の日本人の造語「元寇」とはちがって、「倭寇」はあくまでリアルタイム、実地に使った漢語である。また日本人が用いたことばでもない。専ら漢語・漢籍での用語であった。

当時の記録に「倭寇」の字面で記載するわけで、つまり「倭（＝日本）」が「寇（＝襲来）」する。海を越えてやってくる「倭寇」とは、「日本の海賊」「日本の脅威」というにひとしい。以後のあらゆる日本との関係は、その「倭寇」とからめて表現された。一六世紀の豊臣秀吉の朝鮮出兵しかり、かなり下って一九世紀の明治維新もそう、だとすれば、現在に至る中国の対日不信・「「反日」の源流」（岡本　二〇一九）でもある。

その本質は

ことばの解釈だけなら、以上でよい。しかしここは、歴史を考える場である。それなら「倭寇」と表現した元来の発想・論理、それをもたらす事象をまず明らかにしてやらなくてはならない。

そもそも武装勢力が東から海を越え肉迫してきたのは史上空前、「倭寇」以前の中国に、沿海の軍事的脅威は存在しなかった。それだけ日本という勢力が大きくなったあかしである。しかし日本だけの問題でもない。

日本の強大化は中国の経済発展との相乗効果であり、しかもその経済発展は、中国だけで実現できたものではなく、日本・世界とつながっていたからである。大航海時代のたまものであった。

「倭寇」の命名は、目前に脅威として日本人が現れたためで、いささか偶然であろう。だから同じ内容でも、局面によって命名が変わっておかしくない。

当時でも日本人はごく一部で華人が多数だったし、海賊の脅威もごく一過性で通常は交易を生業とした。だから「倭」字の実質は、日本にとどまらず、ひろく海外と通じる華人・夷人であり、「寇」字の実質は、海賊にかぎらず、政権を信じず反乱も辞さない商業取引であった。これが日本史学ないし村井章介・荒野泰典らのいう「倭人」「倭寇的状況」にほかならない。

いっそう広汎に一般化すれば、海外と通じ独自の経済・ルールを有する場・集団ということになる。場であれば密貿易のアジトばかりではなく、開港場・租界・植民地・租借地もふくみうるし、ヒトなら海賊・匪賊ばかりか、中央政府・既存体制から自立反抗する政治勢力・権力体にも転化しえた。

当時の「倭寇」現象をこのように定義すれば、時空は明代・日本に限らない。孫文や国共の

「革命」勢力をも、「倭寇」になぞらえたゆえんである。

なれの果て

たしかに政府は交代し、政局政情も転換した。民間経済も転変し、景況は浮沈をくりかえしている。それにともなって、表現する術語概念も、一再ならず変化した。それでも全体的な政治社会構造が一新したかといえば、そこは疑わしい。つまりは「倭寇」と呼ぶかどうかにかかわらず、上下・内外の齟齬・矛盾が内在する構造の基本はかわらなかった。

時代に応じてその相貌は変わり、名称も異なるけれども、そうして表出する事象の本質に、どれだけのちがいがあるのか。現地の民意に背く強権を当局が発動し、民間の自主的な営みとその空間を官憲が法律武力で威圧弾圧した。そうした構図は明代の「倭寇」も、清代のアヘン戦争も、現代香港の民主化運動も共通する。

一六世紀の「倭寇」では、内外の貿易業者がつるんでおり、日本人やポルトガル人を引き入れる華人がおびただしくいた。さきにふれた台湾の鄭成功は、平戸の生まれ、日本女性の所生である。

一九世紀、アヘンを持ち込んだのはイギリス人ながら、ひろめた密売人は華人であって、だから戦争ではイギリス軍に通謀する「漢奸」も多かった。香港はそんな連中の巣窟として始まったのである。

交易であろうと、麻薬であろうと、外界と通じて中央政府に背くという民意、バラバラに分離しようとする動きにかわりはない。現代の香港は英米の民主主義が、かつての貿易・密売に代位した存在とでもいえようか。

中国歴代の当局者に言わせれば、そうした統合に対する逆行・離脱が恐ろしい。各地それぞれのユニットは、磁力のある方向に砂鉄が動くように流動、附着する。台湾がアメリカへ、香港が民主主義という磁力に引き寄せられているのは見てのとおり、しかしそんな動きは、遅くとも百年以上前から存在していた。いずれも大陸の政府とは、体制・制度・思想がかけ離れてしまう。

そこで統合のために「一国二制度」が必要となり、ひとまず「両岸三地」と称した。ところがそのまま「二制度」を認めていては、やはり大陸の政権から離れかねない。恐怖のあまり、香港でそうした動きを力づくで抑えこんだ。

それなら話は香港だけで収まらない。なぜ中華人民共和国は、台湾独立を恐れるのか。なぜ新疆ウイグルやチベットを抑圧するのか。その対象は政権・地域ばかりではない。企業・個人ですら同じである。アリババやグーグルなど、内外のグローバルな多国籍企業に臨む態度は、どうなのか。海外在住の中国人知識人、あるいは中国内の外国人をどう処遇するのか。

けだし総じて「一つの中国」につながる。それはいったい何を意味しているのか。回答には問いを置き換えてみるべし。すべては「倭寇とは何か」に答えればよい。「倭寇」

とは、明代以降「一国二制度」にいたる、史上の中国の政治社会構造をあらわす現象だからである。

「倭寇」とは中国そのものだ。この命題が正しければ、「倭寇」という史実の意味までみなくては、現代はわからない。逆に「倭寇」という歴史的な参照軸をもてば、目前の中国を観察理解する一助になるはずである。

おわりに

二〇二四年九月初旬の某日、東京・銀座の単向街書店で待ち合わせしていたのは、小著の編集を担当してくれた三辺直太さんである。おおよそ脱稿した段階まで来たので、最終の打ち合わせを書店の二階にある喫茶フロアでする約束だった。

打ち合わせなら、版元の新潮社か、勤め先の大学でやればよい。なのに、わざわざ銀座まで出かけたのには、わけがある。

いわゆる「銀ぶら」ではない。そんなヒマもないし、よしんばあったところで、財布の中身が心配だ。「銀ぶら」といえば、主役はもちろん富裕層、そして今日日《きょうび》はむしろ日本人より、裕福な中国人だろう。

アジア関係の書籍をあつかうこの単向街書店は、そんな中国人の集客をも見こんで、営業をはじめたらしい。昨年、はじめて日本に店舗をかまえ、銀座に開業した。

創業者の一人に、中国の知識人にして作家・実業家の許知遠《きょちえん》がいる。梁啓超をとりあげた著述もあって、筆者も架蔵するので名前を思い出し、書店にも関心をもった。ひとしきり話題にもなったから、中国研究者のはしくれとしては物見遊山ででも、いちど訪問したかったのである。

洒落た外観・内装をそなえ、配架する日文・中文の書籍が、知的な空間を醸し出していた。次回はふつうに、書物の物色・購入で訪れてみたい。

お昼どき、書店に着く前、短時間の「銀ぶら」もどき、やはり聞こえてくる会話は、中国語が多かった。観光か居住か、あるいはビジネスか。筆者も暮らす東京には、かれらの口に合う本場の中華料理、いわゆる「ガチ中華」を供する店もたくさんある。

外国人の訪日・在日は、すっかり「インバウンド」という呼称が定着した。しかしどうもカタカナ語がしっくりこないのは、最多を占めるのが中国人だからであろう。その存在は現代日本の多くの場所、なかんづく最大都市東京では、もはやあたりまえの日常にひとしい。銀座の書店を訪れて、いまさらながらに痛感した。

歴史屋の習癖なのか、そんな感慨は、つい時空を越える。

いつも中国書籍を求めるのは、銀座ではない。神田神保町の内山書店である。なじみの内山書店は由緒ある老舗、創業からはゆうに一世紀、現住所への移転も半世紀以上前のことだから、オープンしたばかりの銀座の単向街書店とは、まったく対蹠的といってよい。ただ百年さかのぼって海を越えれば、どうか。

内山書店の創業者・内山完造は百年前の一九二四年、上海の共同租界に本格的な書店をかまえた。文豪の魯迅《ろじん》も足繁く通ったという。

魯迅は日本に留学経験があり、当時は反体制的文学者だった。当局の追捕で身に危険の迫ったかれを、内山が庇護したこともある。

上海の租界は当時、おびただしい日本人が居留し、闊歩していた。日本人にとっては中国人とともに暮らせばこそ、上海内山書店のような存在が必要だったし、中国人にとっても海外の思想・文物の窓口である。そして内山書店はまもなく、魯迅はじめ日中の文人・知識人の交流の場となった。

もちろんそれは、政治的な動向と無縁ではありえない。魯迅の庇護もそうだし、内山じしんがスパイの嫌疑をかけられたこともある。

魯迅も出入りした上海内山書店

魯迅が一九三六年に逝去したさいには、宋慶齢《そうけいれい》らとともに、その葬儀委員をつとめた。宋慶齢はいうまでもなく孫文夫人であり、内山書店はここで中国革命ともつながってくる。

本書の術語概念で表現するなら、日中の「華夷同体」構造を上海で表象するものこそ、内山書店だったのかもしれない。それなら内山はもとより、魯迅もま

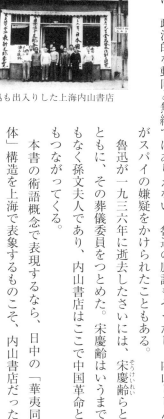

た「倭人」である。そして二人が代表する類型の人々が、背後におびただしく存在していた。

そんな「華夷同体」はまもなく、むしろ史上往年の「倭寇」にみまがう日中の相剋と化す。日本の敗戦後、内山は中国を離れざるをえなかったし、内山書店も日本での営業しかかなわなくなった。

しかし内山は挫けない。中国とのつながりを断たず、一九五九年に北京で客死するまで、大陸との交流を続けた。いまも陵墓は上海にある。そうした活動はもとより一人でできるものではない。支える内外の関係者も必要である。

どうやら「華夷同体」の構造そのものは、日中戦争・国共内戦・東西冷戦にも負けず、なお脈々と生きていた。内山完造の生涯はそんなことを教えてくれるようでもある。

だから完造ひとりで終わらない。店舗もそうである。

内山書店は二〇二一年、天津に出店した。魯迅と完造の交誼・生涯に感動した中国人店主が、東京の内山書店に慫慂して商標権の使用許可を得て開業したもので、内山書店としては実に七十六年ぶりの中国復帰となる。天津内山書店の経営は順調で、店舗も増え続けているらしい。

そして当日の銀座。目の当たりにした光景は、そんな「華夷同体」のベクトルが反転して、中国から東京へ及んできた動きなのであろうか。かつて明朝政府が脅かされ、いまや習近平が怖れる今昔の「倭寇」は、あらためて日本で単向街書店など「民間文化交流」の場として、ささやかな萌芽をみせつつあるのかもしれない。

シナ海沿海にひろがった往年の「倭寇」とは、じつに後世の中国そのもの、過去と現代の架け橋、橋わたし……。書店の喫茶フロアで三辺さんとそんなことを話しながら、小著を仕上げつつある。いつもながら周到な編集と卓抜な助言で、成書にまで導いてくださった。ただただお礼を申し上げるほかない。

ここまで書いたところで、例によって畏友の君塚直隆さん、村上衛さんにご批正を仰いだ。これまた例によって神速懇切無比のご教示をいただき、誤りを正すことができた。記して謝意をあらわしたい。

長い歴史のなかで、中国を描きなおす試みである。いささか物騒な「倭寇」という術語・史実は、いったい何だったのか。かねて歴史家として抱いてきた、そんなシンプルな疑問に額縁になってもらいながら、ややとめどなく、気ままに筆を運んでみた。

だから誰よりもお礼を申し上げるべきは、小著を繙いていただく読者諸賢である。日常にある中国、あるいは以前に聞こえた中国をみなおすよすがとして、少しでも感興を共有できれば、望外の喜びである。

二〇二四年九月　残暑厳しき銀座にて

岡本隆司

参考文献

小著は自他の具体的な学説や論点を紹介する必要もあって、少し引用が多くなってしまった。典拠を示すため、欠かせないところに注記をほどこしてある。

もとより不要な向きは、飛ばしていただいてかまわない。それでも、やはりたちかえって、原著を読んでみたい読者もいるだろう。そこで以下、ほぼ引用したものに限って、書誌の一覧を掲げた。

やや専門にわたる学術的な論著もあるものの、このさい避けて通れない。研究蓄積の分厚い日本史は、煩瑣を厭ってなるべく簡便な書物に限定したものの、挙げたほかにも類書の多数あることを附言しておく。いっそうくわしく知りたい向きは、それぞれの論著がくわしく列挙する参考文献で、求める情報を得ることができるだろう。

荒野泰典　二〇一九『「鎖国」を見直す』岩波現代文庫
石原道博　一九六四『倭寇』日本歴史叢書7（日本歴史学会編）、吉川弘文館（新装版一九九六年）
岩井茂樹　二〇二〇『朝貢・海禁・互市――近世東アジアの貿易と秩序』名古屋大学出版会
岡本隆司　一九九九『近代中国と海関』名古屋大学出版会
岡本隆司　二〇一一『李鴻章――東アジアの近代』岩波新書
岡本隆司　二〇一三『近代中国史』ちくま新書
岡本隆司　二〇一九『増補　中国「反日」の源流』ちくま学芸文庫（初刊二〇一一年）
岡本隆司　二〇二二a「「中華」の意味」『三菱ＵＦＪビジネススクエアSQUET』二〇二二年一一月号
岡本隆司　二〇二二b『明代とは何か――「危機」の世界史と東アジア』名古屋大学出版会
岡本隆司　二〇二二c『曾国藩――「英雄」と中国史』岩波新書

岡本隆司　二〇二二d『悪党たちの中華帝国』新潮選書
久礼克季　二〇一九a「朱印船貿易時代関連日本史研究および歴史教科書掲載地図におけるインドネシア部分の表記と場所について」『環日本海研究年報』第二四号
久礼克季　二〇一九b「台湾鄭氏とジャワ」『史苑』第七九巻第一号
全国歴史教育研究協議会編　二〇二三『世界史用語集』山川出版社
孫文　二〇一一『孫文革命文集』深町英夫編訳、岩波文庫
田中健夫　二〇一二『倭寇――海の歴史』講談社学術文庫（初刊一九八二年）
中島楽章　二〇二四「海商と海賊のあいだ――徽州海商と後期倭寇」牧野元紀編『増補改訂版 東インド会社とアジアの海賊』東洋文庫・斯波義信・平野健一郎・羽田正監修、勉誠社、所収（初刊二〇一五年）
狹間直樹　一九八六「孫文思想における民主と独裁――中華革命党創立時における孫文と黄興の対立を中心に」『東方學報』第五八輯
狹間直樹　一九九七「孫文の中国統一思想――とくに民族主義について」『孫中山記念館開設10周年・財団法人孫中山記念会設立5周年の記録』財団法人孫中山記念会
狹間直樹　二〇一六『梁啓超――東アジア文明史の転換』岩波現代全書
浜下武志・川勝平太編　一九九一『アジア交易圏と日本工業化 1500–1900』社会科学の冒険12、リブロポート（新版再刊、藤原書店、二〇〇一年）
坂野正高　一九七三『近代中国政治外交史――ヴァスコ・ダ・ガマから五四運動まで』東京大学出版会
深町英夫　二〇一六『孫文――近代化の岐路』岩波新書
藤田達生　二〇〇一『日本近世国家成立史の研究』校倉書房
宮崎市定　一九九七『日出づる国と日暮るる処』中公文庫（初刊一九四三年。『宮崎市定全集 22 日中交渉』岩

波書店、一九九二年、所収)
宮崎滔天　一九七三『宮崎滔天全集』第四巻、宮崎龍介・小野川秀美編、平凡社
村井章介　一九九三『中世倭人伝』岩波新書
村井章介　二〇一二「解説」田中健夫『倭寇――海の歴史』講談社学術文庫、所収
村井章介　二〇一三『日本中世境界史論』岩波書店
村上衛　二〇一三『海の近代中国――福建人の活動とイギリス・清朝』名古屋大学出版会
村上衛　二〇二四「清朝に〝雇われた〟イギリス海軍――十九世紀中葉、華南沿海の海賊問題」牧野元紀編『増補改訂版 東インド会社とアジアの海賊』東洋文庫・斯波義信・平野健一郎・羽田正監修、勉誠社、所収(初刊二〇一五年)
村田雄二郎責任編集　二〇一〇『新編 原典中国近代思想史 第2巻 万国公法の時代――洋務・変法運動』岩波書店
桃木至朗編著　二〇〇八『海域アジア史研究入門』岩波書店
梁啓超　二〇二〇『梁啓超文集』岡本隆司・石川禎浩・高嶋航編訳、岩波文庫
Wakefield, Edward Gibbon. *England and America: a Comparison of the Social and Political State of Both Nations*, New York: Harper & Brothers, 1834. https://repository.tku.ac.jp/dspace/handle/11150/1372

本書は書き下ろしです。

新潮選書

地図作成：ジェイ・マップ（52頁、53頁、165頁、199頁）
図版作成：松永レイ（93頁、126頁、127頁）

倭寇《わこう》とは何《なに》か　中華《ちゅうか》を揺《ゆ》さぶる「海賊《かいぞく》」の正体《しょうたい》

著　者………………岡本隆司《おかもとたかし》

発　行………………2025年2月20日

発行者………………佐藤隆信
発行所………………株式会社新潮社
〒162-8711 東京都新宿区矢来町71
電話　編集部 03-3266-5611
　　　読者係 03-3266-5111
https://www.shinchosha.co.jp
シンボルマーク／駒井哲郎
装幀／新潮社装幀室

印刷所………………株式会社光邦
製本所………………株式会社大進堂

ISBN978-4-10-603922-5 C0322

中国はなぜ軍拡を続けるのか　阿南友亮

経済的相互依存が深まるほど、軍拡が加速するのはなぜか。一党独裁体制が陥った「軍拡の底なし沼」構造を解き明かし、対中政策の転換を迫る決定的論考。《新潮選書》

貧者を喰らう国
中国格差社会からの警告【増補新版】　阿古智子

経済発展の陰で、蔓延する焦燥・怨嗟・反日。共産主義の理想は、なぜ歪んだ弱肉強食の社会を生み出したのか。注目の中国研究者による衝撃レポート。《新潮選書》

朝鮮半島の歴史
政争と外患の六百年　新城道彦

朝鮮王朝の建国から南北分断に至る長い道のりを、苛烈な党派争いと地政学的要因に着目しながら描き、朝鮮特有の政治力学を浮き彫りにする決定的な通史。《新潮選書》

戦後史の解放Ⅰ
歴史認識とは何か
日露戦争からアジア太平洋戦争まで　細谷雄一

なぜ今も昔も日本の「正義」は世界で通用しないのか――世界史と日本史を融合させた視点から、日本と国際社会の「ずれ」の根源に迫る歴史シリーズ第一弾。《新潮選書》

戦後史の解放Ⅱ
自主独立とは何か　前編
敗戦から日本国憲法制定まで　細谷雄一

なぜGHQが憲法草案を書いたのか。「国のかたち」を守ろうとしたのは誰か。世界史と日本史を融合させた視点から、戦後史を書き換えるシリーズ第二弾。《新潮選書》

明治維新の意味　北岡伸一

驚くほどのスピード感をもって進められた近代国家樹立。それを可能にした人的要素と政策論議のあり方を、政治外交史の専門家が独自の観点から解明する。《新潮選書》

小林秀雄の謎を解く
『考へるヒント』の精神史
苅部直

モーツァルト論から徳川思想史の探究へ——批評の達人はなぜ転換したのか。ベストセラー随筆集を大胆に解体し、人文知の可能性を切り拓く超刺激的論考。

《新潮選書》

「維新革命」への道
「文明」を求めた十九世紀日本
苅部直

明治維新で文明開化が始まったのではない。日本の近代は江戸時代に始まっていたのだ。十九世紀の思想史を通観し、「和魂洋才」などの通説を覆す意欲作。

《新潮選書》

未完の西郷隆盛
日本人はなぜ論じ続けるのか
先崎彰容

アジアか西洋か。道徳か経済か。天皇か革命か。福澤諭吉・頭山満から、司馬遼太郎・江藤淳まで、西郷に「国のかたち」を問い続けた思想家たちの一五〇年。

《新潮選書》

本居宣長
「もののあはれ」と「日本」の発見
先崎彰容

古今和歌集と源氏物語を通して、日本の精神的古層を掘り起こした「知の巨人」。波乱多きその半生と探究の日々、後世の研究から浮かび上がる肯定と共感の倫理学とは。

《新潮選書》

未完のファシズム
—「持たざる国」日本の運命—
片山杜秀

天皇陛下万歳！　大正から昭和の敗戦へと、日本人はなぜ神がかっていったのか。軍人たちの戦争哲学を読み解き、「持たざる国」日本の運命を描き切る。

《新潮選書》

尊皇攘夷
水戸学の四百年
片山杜秀

天皇が上か、将軍が上か？　維新は水戸学の究極の問いから始まった。徳川光圀から三島由紀夫の自決まで、日本のナショナリズムの源流をすべて解き明かす。

《新潮選書》

世界地図を読み直す
協力と均衡の地政学
北岡伸一

ミャンマー、ザンビアから中国を見る。ジョージア、アルメニアからロシアを学ぶ。歴史と地理に精通した外交史家が、国際協力と勢力均衡の最前線を歩く。《新潮選書》

世界史の中から考える
高坂正堯

答えは歴史の中にあり――バブル崩壊も民族問題も宗教紛争も、人類はすでに体験済み。世界史を旅しつつ現代の難問解決の糸口を探る、著者独自の語り口。《新潮選書》

現代史の中で考える
高坂正堯

天安門事件、ソ連の崩壊と続いた20世紀末の激動に際し、日本のとるべき道を同時進行形で指し示した貴重な記録。「高坂節」に乗せて語る知的興奮の書。《新潮選書》

文明が衰亡するとき
高坂正堯

巨大帝国ローマ、通商国家ヴェネツィア、そして現代の超大国アメリカ。衰亡の歴史に隠された、驚くべき共通項とは……今こそ日本人必読の史的文明論。《新潮選書》

世界地図の中で考える
高坂正堯

「悪」を取りこみ、人間社会は強くなる――タスマニア人の悲劇から国際政治学者が得た洞察の真意とは。原理主義や懐疑主義に陥らないための珠玉の文明論。《新潮選書》

歴史としての二十世紀
高坂正堯

戦争の時代に逆戻りした今こそ、現実主義の視点から二度の世界大戦と冷戦を振り返る必要がある。国際政治学者の幻の名講演を書籍化【解題・細谷雄一】。《新潮選書》